鉄道雑学館

武田忠雄〔監修〕

成美文庫

はじめに

鉄道が好きな人たちは世代を問わず、嬉々として車両の写真を撮ったり、模型を組み立てたりしています。こうした鉄道の魅力の秘密は、いったいどこにあるのでしょう?

例えば皆さんは、地下鉄の終電時間について考えたことがありますか? JRや私鉄各社と比較してかなり早い時間の終電には、誰もが不便を感じたことがあるかと思います。ところが、これには理由があるのです。古くなってきている地下鉄のレールはほぼ全域にわたってメンテナンスが必要で、終電から始発までの5時間ほどの間に、毎晩毎晩10数メートルずつの改修工事がコツコツとされているのです。もちろん、全線の工事が終わったころには、最初に工事した場所は新たな改修が必要なほどの時間が経過しています。こう考えると地下鉄はまるで、カンボジアのアンコール＝ワットのようなスケールの大きさですね。

鉄道は意外性のあるエピソード、奇想天外な仕組みが溢れかえったオモチャ箱です。本書には、そうした鉄道の魅力がいっぱいに詰まっています。

武田　忠雄

鉄道雑学館◆目次

第1章 毎日の足にも謎がある!? 通勤電車に隠された意外な事実

第2章 ただの紙切れではない!? 切符にはいろんなウラがある！

第３章　地面の下は謎世界！　知られざる地下鉄の真相とは？

第4章 車両よりユニーク⁉ 駅にまつわる疑問を解明！

第5章 個性派揃いの地方の華
人気ローカル路線の秘密に迫る

第6章 意外にハイテク自慢!?

鉄道・車両はこうして動いている！

第7章 苦労と笑いに彩られた 鉄道150年史のおもしろエピソード

コラム
ところ違えば　おもしろさも違う
世界の鉄道あれこれ

◆取材・資料協力(敬称略／順不同)
社団法人帯広観光協会
嶋田　裕恵
北海道旅客鉄道株式会社
伊予鉄道株式会社
株式会社南洋軒
交通博物館
合資会社一文字家
梅小路蒸気機関車館
オムロン株式会社
株式会社日本レストランエンタプライズ

◆本文デザイン／白井有希子
◆本文イラスト／入沢秀男

第1章

毎日の足にも謎がある!?

通勤電車に隠された意外な事実

埼京線は存在せず山手線は半分だけ!? JR『正式線路名称』の「怪」

大宮から赤羽、池袋、新宿を通って、今や恵比寿までの直通電車もあるJR埼京線。都内へ通勤・通学をする、いわゆる埼玉都民には欠かせない足となっている。しかしJRには、「埼京線」という名称は正式にいうとない。埼京線だけでなく、実は京浜東北線も、なんと東海道新幹線さえも存在しないという。これはいったいどういうことなのか？

このややこしい話のもとになるのは、JRグループの『正式線路名称』。1909（明治42）年に告示され、以降改訂が続けられている旧国鉄の『国有鉄道線路名称』を、分割されたJR各社がそのまま引き継いだもの。いわば線路の「戸籍」に当たる名称だ。これによると、ひとつの区間をふたつの路線が走る時、最初からあった名称が正式のものということになる。つまり、埼京線の場合は恵比寿～池袋間が「山手線」、池袋～赤羽間が「赤羽線」、赤羽～大宮間は「東北本線」になり、埼京線という路線名はどこにもない。

では「埼京線」という呼び名は何なのかというと、これは旅客案内上の線名で、いわば愛称のようなもの。オリックス時代に「イチロー」という登録名に変えたシアトル・マリナーズのイチロー選手も、戸籍上は「鈴木一朗」のままだというのに似ているといえばわかりやすいだろうか。

『正式線路名称』によれば、京浜東北線は東北本線～東海道本線～根岸線の３つに分けられてしまうし、東海道新幹線にしても東海道本線の別線でしかない。また、山手線は、品川から新宿を通って田端までという、外回り路線の一部だけのことをいうのだ。

だが、事態をややこしくしているのは『正式線路名称』だけではない。ＪＲ各社には国土交通大臣に提出して認可を受けた『事業基本計画』の『営業線の区間表示』があり、これが『正式線路名称』とはまた微妙に違っている場合もある。例をあげると、ＪＲ西日本の「大阪環状線」は『正式線路名称』が大阪～大正～大阪で環状線だが、『営業線の区間表示』では天王寺～新今宮間だけになってしまう。

というわけで複雑怪奇なＪＲの線路の名前だが、実はＪＲ関係者でもそれを専門とする部署の人でもない限り、はっきりとはわからないというのが実情だ。それでも特に問題がないといえばないのだが、さすがに旧態依然としたこれらのきまりは、徐々に改訂されつつある。

最初はグルっと回っていなかった！一時は「のノ字」運転だった山手線

東京の山手線といえば環状線の代名詞的存在。好奇心や単なるヒマつぶし、酔っぱらって眠り込んでなど理由はさまざまなれど、1時間ちょっとで一周する小さな旅を経験した人も多いことだろう。

こんな山手線だが、最初からグルっと回っていたわけではない。少しずつできあがって途中で別の線と相互乗り入れしながら、ようやく現在の環状線のかたちが完成したのだ。

最初につくられたのは新橋～品川間。1872（明治5）年に新橋～横浜間として開通した日本初の鉄道の一部だ。次に1885（明治18）年に「貨物新幹線」こと品川線が開通。品川～赤羽間だから今でいうと山手線と埼京線の一部を合わせた区間だが、これが山手線の始まりといっていい。当初は午前1往復、午後3往復でスタート。雨が降るとお客がいなかったという話も残っているから、現在の姿からは想像し難い。赤羽は上野～高崎間の東北線（現在の高崎線も含む）に接続していたから、群馬から当時の日本の主な輸出品だった生糸は、品川線を経て横浜港に運ばれていたわけだ。

続いて、１８８９（明治22）年に品川線に接続したのが新宿〜立川間の甲武鉄道（現中央線）。１９０３（明治36）年には現山手線の北部分、池袋〜田端間も開通し、池袋駅も開業した。さらに甲武鉄道の起点が１９１９（大正８）年に東京駅まで延びると、すでに山手線、中央線と改称していたふたつの路線は接続することとなった。これにより、中野・新宿・四ッ谷・御茶ノ水・東京・新橋・品川・渋谷・新宿・池袋・田端・上野と走る、ちょっと変形の「のノ字」運転が可能になったわけだ。

なお、現在のような環状運転になったのは１９２５（大正14）年11月１日。東京〜上野間が開通した時のことだった。

窓の外はどっちを向いても海!?　海を走る列車だった東海道本線

東京の山手線や東海道本線が走る品川駅。明治時代の『鉄道唱歌』では、台場の海が見えると歌われているが、それどころか当時は窓からどちらをながめても海という区間があったという。「東海道」とはいうものの、海の上でも走っていたのだろうか。

実は１８７２（明治５）年に新橋〜横浜間が開通した頃、線路は今の浜松町駅あたりから品川まで、途中陸地の部分もあったものの、半分ほどは遠浅の海に築かれた堤の上を走っていた。品川駅は、線路が堤から八ツ山の陸地にさしかかるところにつくられ、当時の下りホームの後ろには波が押し寄せていたらしい。埋め立てが進んだ今の様子から想像するのは難しいが、ずいぶん風情がありそうだ。

ところで、どうして堤の上を走らせなければならなかったのか。一般道として使っていた東海道と同じところを通るわけにはいかないまでも、線路を敷くなら陸地の上のほうが工事も簡単だったろう。

その理由は付近住民の反対。当時、東海道の交通に依存していた沿線住民が、鉄道が通ることに反発したため、用地買収が進まなかったのだ。まだできたばかりの明治政府は国際的な強い要求から一日も早く路線を開通させる必要に迫られていたが、住民との無用な摩擦も避けたかった。そのため一番無難で、しかも結果的にはコストが低く抑えられる海上コースが選ばれたという。

現代人には、文明開化の象徴として当時の人々に好意的に受け入れられたようにも思われる鉄道や蒸気機関車だが、実際は騒音、振動、大気汚染、石炭を燃やす時の悪臭に、果ては火の粉が飛んでの火事の心配まで、公害のかたまりのような扱いを受けていたようだ。

そういえば、それから約90年経って開通した東海道新幹線も、同じような理由でさらにまた別のコースを通っている。結局こうして、全部で3つの「東海道」ができたわけだ。

宿場町住民の反対でできた!? 中央線東中野～立川間の長い直線

山がちな地形のため、全体的にカーブが多い日本の鉄道だが、それでも長い直線の線路がないわけではない。1位は室蘭本線、白老《しらおい》～沼ノ端間28・7キロ、2位は函館本線光珠内《こうしゅない》～滝川間22・9キロと、ここまでが北海道なのは納得のいく話だろう。しかし、3位はなんと中央線東中野～立川間の21・7キロで、もちろん東京である。現在は複々線化のためホームに入る時に小さくカーブするところがあるが、線路自体は直線のままだ。

鉄道は都市と都市を結ぶものだから、北海道のように開発の遅い土地なら長い直線がつくれるのも不思議ではない。だが郊外とはいえ、敷かれた当時すでに日本の首都だった東京で、どうしてこんな線路ができたのだろうか。

地図で中央線を見てみよう。代々木～新宿～大久保とほぼ南北に走っていた線路は、東中野の手前で突然90度近く左に急カーブ。それから立川まで、日本で3番目に長い直線が続く。それからまた左に大きく曲がり、八王子から高尾に行くのだが、これはかなり無理のあるコースに感じられないだろうか。新宿から八王子まで結ぶなら、甲州街道沿いに、調布、府中を通るのがベストのように思われる。

実は、住民の反対が長い直線を生んだらしいというからおもしろい。当初の予定では、中央本線はやはり甲州街道に沿って建設されるはずだった。だが、府中など街道沿いの宿場町の住民から強い反対にあったのだ。理由は、「町がさびれる」「ワラジが売れなくなる」「振動や騒音が農作物に悪い」といったもの。このため線路はずっと北にルート変更し、当時未開発の雑木林や田畑だった現在のコースを通ることになった。

それにしてもいかに明治の話とはいえ、鉄道が通ると町がさびれるとは現代人の発想では考えつかないだろう。

平地を走る千葉・新京成電鉄に カーブが多いやむにやまれぬ理由とは？

千葉県の松戸〜京成津田沼間26・5キロ、24の駅を走る新京成電鉄。そう長くはないが、県北西部の通勤・通学の足として欠かせない路線になっている。

ところでこの新京成電鉄、地図の上で見るとよくわかるのだが、前述の中央線とは逆に路線にやたらとカーブが多い。大きな川や山などがあれば納得もいくが、周辺はまったくの平野部で川や湖があるわけでもない。それなのに路線はぐにゃぐにゃと曲がって、いかにも走りづらそうだ。

こんな形状になったのには、路線の成り立ちが関係あるという。

１８９６（明治29）年、ドイツ陸軍にならって日本陸軍鉄道隊が発足した。まだまだ歩兵が中心だった当時の陸軍にとって、鉄道の移動力・輸送力はなくてはならない存在だったためだ。この鉄道隊が演習線としてつくった松戸～津田沼間26・5キロが、現在の新京成電鉄のもととなったのである。演習線の目的は運転の練習。戦地に敷設した路線が山あり谷ありなのは当たり前のことで、まっすぐなコースではあまり役に立たない。カーブだらけなのは当然といえば当然のことだったのだ。

１９３５（昭和10）年には、津田沼に陸軍鉄道練習部が新設。軍用鉄道の敷設、運転、修理などの訓練がおこなわれた。また、時には一般人も無料で便乗できた。さらに事前に申し込めば貨物や農作物の輸送もするなど、地域の足として利用され、「軽便鉄道」と呼ばれていた。

戦後になってこの演習線が払い下げられ、京成電鉄から分かれた新京成電鉄が誕生。

この時、一般の営業にはまっすぐなほうがいいだろうと、数ヶ所を直そうとしたという。

しかし、今度はこれに「ニワトリがタマゴを産まなくなる」「牛の乳がでなくなる」などと沿線予定地の農家の人々が反対。結局、きついカーブがいくつも残ったままで開業し、その後沿線に大型団地も建設されると工事し直すわけにもいかなくなり、現在のような路線になった。

軍事演習と農業。これが新京成線を不自然にくねくねと曲がらせた理由だ。

高級住宅街を走る田園都市線はもともと多摩川のジャリを運んでいた!?

東京西部を走るＪＲの南武線、青梅線、五日市線、東急の田園都市線、京王相模原線、西武多摩川線。これらの路線には、生い立ちの上でひとつの共通点がある。東京の近代化を進めるための道路舗装や建築に使われた、ジャリやセメントの原料となる石灰石を運ぶことを目的としてつくられたという点がそれだ。以前トレンディードラマの舞台にもなったたまプラーザなど、高級住宅地を沿線に持つ田園都市線も、かつてはジャリを運ぶ「ジャリ電」と呼ばれていた時代があったのだ。

これには南武線とほぼ並行して流れている多摩川の存在が関係している。

多摩川では明治中期から昭和の高度成長期まで、コンクリートなどの材料になるジャリの採掘が続けられていた。南武線の前身は私鉄の南武鉄道で、最初は1927（昭和2）年に川崎～登戸間と、貨物線の矢向《やこう》～川崎河岸間が開業している。川崎河岸は、多摩川を登ってきた輸送船に連絡する貨物駅。実際にジャリを採掘していたのはもっと上流だが、そこから直接船に載せなかったのは、浅瀬に大型船が入ってこられなかったからのようだ。

上流の青梅線は1894（明治27）年の開業。762ミリ軌間の蒸気動力を使い、石灰石運搬のためにつくられた路線だ。1925（大正14）年開業の五日市線も石灰石を運ぶのが主な目的だった。

都心部の渋谷道玄坂まで採掘したジャリを運んでいたのが、今日の田園都市線だ。当時はまだ路面電車で、その名も玉川電気鉄道と名乗っていた。開業当時は今の二子玉川あたりまでだったが、1927（昭和2）年には多摩川を渡って溝の口まで延びた。

これらのジャリや石灰石を運んだ路線は、現在では多くは住宅化の進んだ郊外の欠かせない足となっている。

開通38年。大きな変化を遂げた東京モノレールとウォーターフロント

東京モノレール羽田線が開通したのは、東京オリンピック直前の1964（昭和39）年9月17日。東京都心と羽田空港間の旅客輸送が目的で、レールをまたぐ「アルウェーグ方式」として、世界最長の13・1キロの海岸線をノンストップ、平均時速50キロで走った。

だが、東京モノレールとその周辺は開通から38年が経ち、さまざまな面で大きく変わってきている。

まずは、周辺の様子から見ていこう。東京湾の埋め立てが進み、かつては海岸線を走っていたのが、今は内陸を通る路線になってしまった。風景も、開通当初は大半が人影も少ない倉庫街だったのが、現在ではウォーターフロント開発によってインテリジェントビルや高層マンションが目立つようになっている。レインボーブリッジや新交通ゆりかもめ、品川埠頭や大井埠頭などもできた。

沿線で今、もっとも注目されているのは天王洲周辺である。20ヘクタールの人工島は、かつてはやはり倉庫街だったが、再開発でビジネスビル、ホテル、マンションな

東海道新幹線と開業間もない頃の東京モノレール（昭和40年頃）

ど高層ビルが立ち並び、1992（平成4）年に建設費を地元が負担した天王州アイル駅もつくられている。ナイター開催が名物の大井競馬場前駅の次の流通センター駅周辺も、従来の単なる物流拠点から、オフィス街や展示場として機能するようになった。

モノレール自身も大きく変化している。開業当時はノンストップだったのが9駅となり、今では全長16・9キロの所要時間は22分。運転間隔も、約7分から3〜5分と短くなった。

これらの結果、当初1万人だった1日の利用者は今では約30万人。車両もスマートな新型が登場している。

山手線の電車の最初の色はウグイスじゃなくてカナリアだった!?

サッカーファンなら、黄色の「カナリア」といえばブラジル、青「アズーリ」ならイタリアの代表チームを連想するだろう。だが鉄道で、しかも首都圏のＪＲでは黄色は総武線、青は京浜東北線ということになる。全面に塗装が施されていた以前の１０３系やその前身１０１系にくらべると、ステンレスに帯をつけただけの現行モデルは少しさびしい気もするが、それでも色で路線がわかるのは知らない駅などでは乗り間違いを防げて便利だし、楽しい。

だが、そもそもこのカラーリングはどうやって決まったのだろう。

１０１系が旧国鉄に登場したのは１９５７（昭和32）年。最初に導入されたのは中央線で、色はオレンジだった。このカラーリングは、近づくオリンピックに向けて近代化を進める東京の街によく似合っていて、以後の車両のスタンダードとなりうるだけのインパクトがあった。また、これ以前の鉄道というとややややぼったい茶色であったので、１０１系は電車のイメージをモダンで明るいものに変えてしまったといえる。

この１０１系が山手線にお目見えしたのは１９６１（昭和36）年10月。当時７両編成だった山手線池袋電車区に配属された車両は、現在とは違いカナリア色だった。その後オレンジも加わったため、一時山手線には色の異なる車両同士がつながって走ったこともあった。１９６３（昭和38）年の初め頃には品川～小田原間でも、このカナリア１０１は活躍したという。

現在のような色に決まったのは、１９６３年３月に出力を大きくした１０３系が完成した時。この時に路線ごとにカラーリングを決めようというアイディアが生まれ、山手線はウグイス、カナリアは総武線の色というように分かれていったわけだ。

スピードで巻き返しなるか？　ＪＲの新兵器「湘南新宿ライン」

２００１（平成13）年12月、ＪＲ東日本は「湘南新宿ライン」の運行を開始した。これは、神奈川県の横浜・横須賀方面から東京の渋谷・新宿・池袋を経由、埼玉県の大宮方面までを結ぶ直通電車だ。

横浜～新宿間をＪＲを使って行く場合、従来だと東海道線で品川まで行き、そこで山手線に乗り換えなければならなかった。ところがこの湘南新宿ラインではそれが直通になり、時間は11分短縮されて29分で行けることになる。

ＪＲが湘南新宿ラインの運転を始めた理由は、どうやら利用客、特に定期券利用者の減少にあるようだ。東京・神奈川・千葉・埼玉における定期券利用者は、１９９８年以降減り続けている。そしてその減少は少子化や不況だけが原因なのではなく、私鉄に奪われた部分もあるのである。その証拠に、渋谷と横浜を結ぶ東急は、２０００年以降定期券利用者を増やしているのだ。これには２０００年の目黒線と地下鉄南北線の相互直通運転や、２００１年に東横線特急運転を始めたことも影響しているだろう。その上、東急以外にも新宿と藤沢を結ぶ小田急の存在もある。しかも、ＪＲは運賃も割高。渋谷〜横浜間はＪＲ３８０円に対し東急２６０円。新宿〜藤沢間はＪＲ９５０円で小田急は急行で５７０円だ。これでは私鉄を選んで当然だろう。

そこでＪＲは、山手線に併設された貨物線を利用した湘南新宿ラインによる時間短縮で対抗したわけだ。まず横浜〜渋谷間の対東急戦。東急のニューフェイスの特急利用で27分に対しＪＲ24分と3分短い。次に藤沢〜新宿間の対小田急戦。こちらも51分と短くなって小田急の急行より速くなった。

この新兵器は埼京線に割り込むため、ラッシュ時には1、2本しか走らせられないという弱点はあるものの、利用者にとって時間短縮は大きな魅力だろう。東横線に車内広告を出すなどなりふり構わぬＪＲの攻勢に、「新線も首都圏西南部の魅力向上になれば自社にプラス」と東急側は余裕を見せているというが……。

未来の超特急リニアモーターカーはすでに大都市の地下を走っている!?

時速400キロを超える未来の超特急リニアモーターカー。実用化されれば、陸上輸送の概念は一変するはずだ。ところでこのリニアモーターカー、実は日本でもすでに大都市の、しかも地下を走っているのをご存知だろうか。

といっても、ニュースなどで実験の様子を見る超特急ではない。超特急に使われるのは、磁気で車体を浮かせることで摩擦をなくした「浮上式」。地下鉄に使われているのは浮上式とは違う方式の車両なのだ。

ここで、リニアモーターとは何かということを確認しておきたい。「リニア」とは「直線状」という意味。「浮上」という意味はない。リニアモーターとは、円筒型を開いて平らに延ばしたもので、それを一直線につなぎ合わせると、磁気で物体を直線運動させることができる。これを利用したものの総称が「リニアモーターカー」だ。

リニア地下鉄は、軌道に設置された伝導体と車両側の電磁石の磁力とを利用し、引き寄せたり反発させたりを交互に繰り返すことで進む。浮上式と異なり車輪はついているが、いわば浮上させる代わりに、車体を支えるためだけのものだ。

この方法だと、伝導体側も車両の電磁石に誘導されて磁気を帯びる。そのため、レールの間に電気を流す必要がなく、コスト低減につながる。他にもメリットは多い。まず、モーター自体がコンパクトだから、車体を小さくできる。車体が小さくなればトンネルもその分小型でよくなり、建設費が抑えられる。まさに地下鉄にはうってつけだといえるだろう。さらに、車輪そのものは転がっているだけの補助的なものだからスリップとは無縁、坂道だからといって滑ってずり落ちたりすることもない。また、車のように車輪を大きく曲げて走ることも、リニア地下鉄なら可能だ。

リニア地下鉄は、１９９０（平成２）年に大阪の長堀鶴見緑地線に使われたのが最初。それから都営地下鉄大江戸線、神戸市地下鉄海岸線が続いた。現在工事中、構想中のものも多く、地下鉄の主流になりそうな勢いだ。

飛び込み自殺者の多い中央線
乗客を急がせる発車音楽が原因だった!?

飛び込み自殺者の多いことで知られる中央線。特に中野から西の各駅に多い。運行にも大きな影響があることもあり、ＪＲ東日本でもいろいろと対策を練っている。

例えば、ホームを見張るガードマンを増やす。縦2メートル、横1・5メートルの鏡を置き、思いつめた自分の姿をながめて思いとどまってもらう（新宿、荻窪駅）。ホームに白タイルを敷く。暗い踏切は、青緑色など鮮やかに塗装して、蛍光色の照明をあてる。駅の危険ゾーンに立ち止まっている人を音波センサーで感知し、「危険です。お下がり下さい」とアナウンスを流す、などが具体的な方法。この他にも、「ちょっと待て！」という看板を立てたり、「命の電話」の番号を掲示しておく、相談窓口を設けるといったことなども、自殺企図者の心理に詳しい精神科医などから提案・実施されている。

だが、なかなか減らない中央線の飛び込み自殺。そんな中、映画、テレビ、ＣＭなどの音楽を手がける一方、体に優しい音楽の研究と普及活動に取り組み、『音の後進国日本』という著書のある作曲家玉木宏樹氏が、駅のホームの発車音楽に自殺の原因があるのではないかという仮説を示した。

山手線、中央線各駅の発車音楽を調べた玉木氏によれば、中央線、中でも自殺の多い中野以西の駅の音楽が、特に人の神経を逆なでするようなものだったそうだ。音楽的にいうと、「タラララララタラララララ」という6連符や「タカタカタカタカ……」という16分音符が多く使われ、同じフレーズが半音、一音ずつ転調しながら繰り返される。これは映画などでは観客にショックを与えたり緊張感を出す時に使う音で、これには「急げ！」というメッセージがある。しかもその音程差の激しいフレーズを、すさまじいスピードとボリュームで流し、突然それをプッッと切る。駅に止まるたびに聞かされたのではかなりのストレスになり、ノイローゼ状態の人が聞くと自殺の引き金になることも十分考えられるというのが説の概要だ。

もっともこの説はあくまでも仮説で確証はないし、ＪＲの広報によれば中央線各駅の発車音楽は以前のままだそうである。

開かずの踏切に登場したエレベータつき上中里さわやか橋は本当にさわやかか？

なかなか遮断機が上がらない、いわゆる「開かずの踏切」。立体交差の建設で減ってきたというものの、まだまだ数は多い。東京都北区上中里、ＪＲ東日本尾久駅の西にある梶原踏切も、そんな開かずの踏切のひとつだった。

両側には商店街があり、１日に歩行者約３７００人、自転車約２０００台が通過する梶原踏切。ここには、東北本線など並行する３本の鉄道に電車がひっきりなしに通り、しかも近くに操車場があるため回送電車まで行き来するから大変だ。１時間中50

実際には踏切の開くのを待つ人も多いという「上中里さわやか橋」

分近く閉まったままの時間帯もあるほどの開かずぶりに、たまらず遮断機の下を通り、電車にはねられる死亡事故が10年で5件も発生したという。

近くに陸橋もあったが、老朽化が進み、階段も急だったので年配の人には敬遠されていた。そこで、地域住民が署名を集めて区を動かした。だが、地下道のスロープを確保する広さの土地がなく、階段を使う普通の陸橋もできない。そこで、エレベータつき、屋根つきの「上中里さわやか橋」が建設されたのだ。

総工費11億5500万円の費用は区の負担で1998（平成10）年に完成。長さ30メートル、幅2・5メートル、高さ12・6メートルの橋は、自転車や車イスも利用できるという。

しかし、一見便利なさわやか橋も、30メートル先の線路の向こう側に渡るのに、所要時間が5分弱。混雑時にはエレベータに乗るための行列もできる。急ぐ人のために階段もほしいところだが、非常用の螺旋階段だけで通常は利用できない。

結局、踏切の混雑はイマイチ解消されず、住民たちは今も不便な思いをしているというからこのさわやか橋、いったい何のためのもの？

「キヨスク」は事故で亡くなった職員の遺族を救済するために生まれた!?

駅の売店といえば「キヨスク」。地方のお土産から葬式用の黒いネクタイまで何でも揃う便利な店だ。そんなキヨスクだが、もとは旧国鉄の殉職者の遺族や公傷者を救済するためのものだったという。

キヨスク誕生よりずっと前、日本の駅で最初にものを売り始めたのはイギリス人のジョン・ブラック。人で賑わう駅で新聞を売ることを思いつき、１８７２（明治５）年に許可を受けて販売したとされている。

新聞から始まった駅構内での販売は、やがて小間物や「唐物」と呼ばれた輸入洋品などいろいろな商品を置くようになり、鉄道の広がりとともに数も増えていく。だが同じ頃、鉄道網の発達は別の問題も生み始めていた。車両の連結など危険作業による死傷事故の増加である。生活の手だてのなくなった殉職者の遺族や公傷者の貧困は、社会問題にまでなっていた。そこで国鉄は１９３２（昭和７）年、ヨーロッパでの鉄道従業員の福祉・救済事業を参考に財団法人鉄道弘済会を発足させる。

弘済会は財源の確保と、遺族に働き口を提供するため駅構内に売店を出した。第１号店として上野駅、東京駅に全部で10店舗がオープン。それに先立って職員を上野松坂屋に派遣してサービスの基本を身につけさせたという。公休日は月２回。朝９時から終電まで働き、売店の２階で泊まって翌朝４時20分の始発から朝10時まで働いてから帰るという労働条件だった。ハードな勤務ではあったが、大学出の法学士の初任給が60円という時代に55〜60円の給与というから、こちらの面ではかなり厚遇されていたようだ。ちなみに当時の商品は、新聞、雑誌、飲み物、雑貨、菓子などとほぼ現在に近い。10粒１箱５銭のキャラメルと１個１銭の玉チョコが人気商品だった。

この「鉄道弘済会売店」が現在の愛称「キヨスク」になったのは１９７３（昭和48）年。「あずま屋」という意味のトルコ語が語源で、「便利で小さな売店」を意味する国際語だ。

京王線と埼京線に登場した女性専用車両第1号には明治時代の女学生が乗った!?

2001(平成13)年、京王線の22時以降新宿発の急行、快速の後部の一部と、JR埼京線の同時間帯の列車に登場して話題を呼んだ女性専用車両。好評だが、夜間も混雑が激しい中央線や小田急線では導入はまだ難しいといわれている。

さて、この女性専用車両、現代特有の産物のようだが、実はすでに明治時代に誕生し、その後も何度か出現していたのだ。

1912(明治45)年、中央線の中野~昌平橋(万世橋駅の開業で廃止)間で婦人専用車が走っている。沿線の女子学生たちの通学に利用されたそうだ。それから、戦時中の1942(昭和17)年に大阪市電の路面電車に婦人専用車ができ、軍需工場などで働く女性たちが通勤に利用していたという。

続いて、戦後間もない1947(昭和22)年、混乱する通勤・通学列車から婦人・子どもの安全を守ろうと中央線の上り急行(現在の快速)に設置された「婦人子供専用車」がある。その後、京浜東北線でも当時の進駐軍専用車の一部を婦人子供専用車にしたが、利用率がよくないと早い時期に打ち切られている。

さらに１９５６（昭和31）年には、東武東上線でラッシュ時に婦人専用電車が運転。旧国鉄中央線でも１９７２（昭和47）年まで高尾～東京間に婦人子供専用車が走っていたが、この時はふたつの理由で苦情があったので、やがて廃止された。ひとつは、他の車両が混んでいるのに婦人子供専用車は空いているので逆差別だという意見。もうひとつは、車両内が化粧くさいために、女性たちのほうでこの車両に乗るのを嫌がったからといわれている。

この後、一時はなくなった婦人子供専用車。代わりに翌年から旧国鉄は、お年寄優先の「シルバーシート」を中央線快速に設置する。１９９７年にＪＲ東日本はこれを「優先席」と改め、お年寄だけでなく乳幼児同伴者や妊娠中の女性にも対象を広げてきた。

いろいろあった「優先席」や「専用車両」。本当はすべての席でゆずりあうのが一番なのだろうが……。

混雑解消を狙ったはずが……
私鉄・地下鉄の相互乗り入れの不思議

現在では珍しくはなくなった、首都圏の私鉄・地下鉄の相互乗り入れ。第１号は

1960（昭和35）年の都営1号線（現浅草線）と京成電鉄で、2年後に営団日比谷線と東武伊勢崎線がそれに続いた。以降、ほとんどの在京私鉄が、交差する地下鉄各線との乗り入れを進めている。

山手線内の都心に私鉄を入れないというのは、戦前からの不文律。そのため私鉄利用者はターミナル駅で長い階段を昇り降りしなければならず、ラッシュ時の苦労は大変なものだった。それがなくなり一度電車に乗ってしまえば都心の目的地まで行けるなら、肉体的にも精神的にも、私鉄の利用はずいぶん快適なものになる。また、乗り入れが始まった当時、各ターミナルはすでに混雑が飽和状態だったが、乗客をそこでとどまらせることなくスムーズに都心に送れるなら、混雑は解消されるはずとの思いもあった。加えて、山手線のところで押し止められていたかたちの私鉄各社にとって、乗り入れとはいえ自社の車両を都心で走らせるのは、たっての希望でもあった。

反面、都営線への乗り入れのために全線を改良した京成のように規格を合わせるための費用負担も大きいし、混雑が緩和されればそれだけ乗車率は下がって収入が減るという心配もあった。

結果として、この相互乗り入れは大成功を収め、国内の各都市ばかりか世界的にも優れたアイディアの見本として広がっていった。

ところが本当に混雑が解消されたかというと実はそうでもないのだ。不思議な話だが、これはいったいなぜか。

乗り換え時間が短縮されたことで、それだけ通勤圏が拡大したのだ。拡大した分だけベッドタウンが遠くまで広がり、都心に通う人は多くなる。その増えた人々が同じ路線を利用するから、混雑はなくならないというわけだ。

車と同じく左側通行の電車の運転席が車と反対の左側にあるのはどうして？

電車も複線では車と同じ左側通行。だが、車の運転席は右側についているのに対して、電車が左側にあるのはどうしてだろう。

これは、日本の鉄道技術がイギリスから入ってきたから。イギリスも日本と同じ左側通行で、運転席は左についている。あの『機関車トーマス』の運転席も同様だ。

イギリスの列車の運転席が左なのには、いくつかの理由がある。例えば左側通行なら電車の信号などは左につけられるから、運転席も左にあるほうが見やすい。複線では右からは列車が来るだけだが、左からは車や動物などが出てくる可能性がある。かつてのSLの場合には石炭を燃やすボイラーがあり、助手もいたから、運転席が右だとじゃまになって信号が見えなくなってしまうなど。他にも、万一脱線して対向車と衝突した場合に運転台のダメージが少なくてすむ。地下鉄の場合、対向車のライトがまぶしくないといったメリットも指摘されている。

それではそもそも、なぜイギリスの鉄道や自動車は左側通行なのか。アメリカやフランスは右側通行だ。これには次のような説がある。

18世紀頃のヨーロッパの街道は、道路の中央が盛り上がり、両側に側溝があった。そこを馬車で通る際、溝に落ちないようにするのには左側を通るほうが都合がいい。なぜならもし右側を走ると、手綱を持った右手が視界のじゃまになるからである。だから御者台と車体が一体だったイギリスでは左側通行になったのだ。一方、フランスの御者は何頭かいるうちの一番左側の馬の背に乗る習慣があったので、左側を走っていると馬が溝のほうに寄りだした時に制御しにくいという事情があった。

また、日本には、左側通行でも右側に運転席のある電車もある。車両は、各社が自分たちの路線にもっとも適したかたちで発注されるのだ。ワンマン運転の仙台市営地下鉄、自動制御運転でいつもは運転士のいないゆりかもめの有人運転用運転席がそうだ。

これらはひとつのホームの両方に車両が入る「島式ホーム」に乗り降りする乗客が、

運転席からよく見えるようにというのが理由だそうだ。

新幹線自由席で確実に座るには偶数号車両の列を選んで並べ！

同じ運賃を払うなら、できれば座って行きたいもの。まして長旅の新幹線の場合はなおさらだ。

自由席でも座れるように列車が来る前に並んでおくのが得策だが、いくつも列ができていて、どれに並べばいいのか悩むことがある。人数が少ないからと選んだのに、あっという間に座席が埋まってしまってとなりの車両に急いだり、反対に人数が多いからだめだろうとあきらめていたのに、意外にも座れてラッキーな思いをしたという経験はないだろうか。

これは、新幹線の座席数が車両によって異なることに関係している。そういわれてみれば、右のように意外なことが起こるのにも合点がいくだろう。

では、どの車両を選べばいいのか。車両の新旧にもよるが、実はこれにはある一定のきまりがある。例えば、東海道山陽新幹線「ひかり」の場合、1号車から5号車までが自由席だが、このうち1号車は座席が一番少なく13列65席、2号車と4号車が20

列100席、3号車は17列85席、5号車には16列80席の車両と18列90席の車両がある。1号車には運転台、3号車と5号車、つまり奇数号車の東京寄りにはトイレがあるためその分だけ座席が減るというわけだ。

つまり新幹線の自由席に並ぶ時は、偶数号車両を選ぶのが座れるコツということになる。ちなみに2号車は禁煙席で、4号車は喫煙席だ。

東京～熱海間をダブルデッカー（2階建て車両）で走る「アクティー快速」の先頭1号車と最後部10号車は下階が機器室で座席がない上に運転席もあるので、他の車両の4割程度しか座席数がない。こういった車両による違いがけっこうあるのだ。

職員が数えているんじゃなかった!?意外に大ざっぱな乗車率の決め方

帰省ラッシュの時などにニュースで聞く「乗車率～パーセント」。普通に考えれば［乗客数÷定員］のことだろう。だが、何人乗っているかはどうやって調べるのか。切符を買った人数ならわかるが、それでもどの電車に乗るかまではわからない。だとすれば、職員が一人ひとり数えるしかないのだろうか。

ところがそうではないらしい。

定員は確かに決まっている。式でいうと［座席数＋座席以外の床面積÷０・３〜０・4平方メートル］が一車両の定員数で、山手線の車両で１４０人くらい。おおよそ［０・３〜０・4平方メートル＝約55〜63センチ四方］というのが、1人で圧迫感なく立っていられるスペースなのだという。

だが、乗客を実際に数えることはあまりなく、国土交通省が決めている基準にしたがって「見た感じ」で決めて発表することが多い。つまり、「座席がいっぱい」の状態で35パーセント、「体は触れ合うが新聞を読むことができる」で１８０パーセント、「体は触れ合い圧迫感を感じて、週刊誌が読める程度」が２００パーセント、「身動きできない状態」で２５０パーセントというように、３００パーセントまで10段階以上もある。また、鉄道会社によって「新聞を楽に読めるくらい」なら１５０パーセントというように、多少目安を変えて発表することもあるようだ。

この他、車両内壁に内蔵された空気バネの圧力で割り出す方法も使われている。人が乗っている時にかかる圧力から空っぽの車両の圧力を引き、そこで出た数値から乗客の体重の合計を出して人数を計算するというもの。

体重の個人差もあるから完全とはいかないが、「見た感じ」で判断するよりは頼りになる数字だといえそうだ。

アメリカで製造され冷凍輸入!? 画期的、グローバルな有機素材使用弁当登場

最近はコンビニエンスストアやファーストフードの店も駅構内に増えてきて、駅で買えるお弁当も多様化が進んでいる。こうなると、「冷たい、高い、まずい」との声も少なくなかった駅弁にも改革の波が押し寄せてくるのは当然の成り行きだろう。

2001(平成13)年7月にJR東日本のグループ会社である日本レストランエンタプライズ(NRE)から、アメリカで製造され冷凍輸入する、有機素材を使用した弁当「オーベントー(O-BENTO)」が発売された。

きっかけは消費者の健康指向、自然食材への関心の高まり。これはアンケートからも明らかで、減農薬や有機素材を使用した新製品を考えた。弁当はやはり米、と新製品を有機米を使った弁当に絞り、国産有機米を調査したが、必要な年間300トンには遠く及ばぬ18トンしか集められなかった。

そこで、カリフォルニア米の「あきたこまち」を生産する有機米大手ランドバーグ社と出会う。品質は納得がいくもので、低価格。これならと飛びついたNREだが、同社には弁当づくりは最初から最後まで自社でやるというポリシーがあった。それに

加えて、米として輸入すると関税は高いが、調理済みの肉や魚の割合が20パーセント以上だと通常の関税で輸入できるという事情もある。NREは、現地に工場を建てて現地の食材で生産、完成した弁当を冷凍輸入して駅で解凍、販売するというアイディアを採用した。牛肉や鶏肉もアメリカのオーガニックミートを使っているなど自然指向は強い。

片手で作業する現地の従業員に、両手を使って効率よく作業することをおしえなければならない、冷凍・解凍上の問題など苦労はあったが、なんとか「鶏ごぼう照焼き弁当」「牛すき焼き風弁当」「鮭ちらし弁当」の3種類の販売にこぎ着けた。当初は輸入米を使っていることを非難する声もあったが、手頃な値段でおいしく安心な弁当が買えるとあって売れ行きは好調で、それに伴って現在ではメニューも増加している。

まぎらわしい「こんど」と「つぎ」はどっちが先に来る？

首都圏のＪＲや地下鉄のホームで使われている「こんど」と「つぎ」という表示。「こんど」が先ということだが、表示が上下に並んでいる場合はともかく、別々のホームに表示されている時など、間違えてしまった経験のある人も少なくないだろう。

ＪＲ職員によると、長い間使われているので定着し、苦情もほとんどないというが、まぎらわしいのは確か。専門家からも、例えば財団法人言語文化研究所は、「こんど」には「今回」と「次」のふたつの意味が含まれ、併用すると同じ意味に受け取られる可能性があり、言語学上適切ではないとするなど批判的な声が少なくない。

ちなみに、関西では「先発」と「次発」が一般的。これなら間違えようがないだろう。首都圏の私鉄でも京王は、「先発」「次発」に変更したそうだ。

ところで、なぜわかりにくい「こんど」「つぎ」が採用されたのだろう。

営団地下鉄によれば、使われ始めたのは昭和40（１９６５）年頃から。当時、学識経験者など多くの人の意見を聞いて検討した結果、「こんど」「つぎ」に決まったのだという。ただし、わかりにくいという声が多いのも事実で、ＪＲと営団地下鉄では新しくできたところから「先発」「次発」に変えているそうだ。

15時57分着、15時57分発で大丈夫？実は5秒、15秒単位の乗務員用ダイヤ

時刻表を見ていると、時々「15時57分着、15時57分発」などという列車があって驚くことがある。これでは乗り降りも、荷物の積み降ろしすらもできやしない。本当に

列車はこの駅に停まるのだろうか。

しかし、まったくおかしなことではない。これは「15時57分00秒着、15時57分20秒発」とか「15時57分15秒着、15時57分35秒発」の秒単位の表示が省略されたもので、市販の時刻表には分単位までしか書かれていないからおかしく感じられるのだ。駅や市販の時刻表は分単位しかないが、乗務員用の時刻表はもっと細かい。例えば、時刻表に「57分発車」と書かれているのに57分が来ても発車しないとすれば、「57分15秒」とか「57分30秒」の発車なのだ。各駅での停車時間は、大きな駅や快速待ちなどを別にすれば20秒が通常である。

列車運行図表、つまり列車ダイヤは、時刻を縦線、駅の位置を横線、列車の動きは斜めの線で表わす。この3つの線が交わるところが列車の位置と時刻。このダイヤをもとに、駅や乗務員の時刻表がつくられる。

この乗務員用の時刻表の単位はどれくらいなのだろうか。まず、鉄道を走っている車両はすべて、鉄道運行上「電車」と「列車」とに分けられる。大まかにいえば普通電車、快速電車、快速などが「電車」、それ以外の貨物列車や特急の一部などが「列車」だ。この種別で設定時刻が異なり、電車が5秒、列車は15秒が単位。何とも細かいようだが、世界的には奇跡といわれるくらい正確な日本のダイヤは、このように決まっている。

そして、実際の発着や通過時刻の把握は各駅ごとにおこなわれていて、30秒単位で遅れ（＋）、早発着（－）を、「旅客の乗降のため」「接続待ち」などと理由まで記録されるというのだから恐れ入る。

駅でのオーバーランはなぜ起こり、どれくらいずれるとバックするのか？

列車で駅に着いた時、オーバーランして引き返すことがたまにある。これはどんな時に起こって、どれくらい行き過ぎると引き返すのだろうか。

理由はいくつか考えられる。まず、人が多く乗り過ぎていてブレーキのききが悪くなっている場合。かつての車両では混雑の様子を運転士が判断して操作していたのでこのタイプのオーバーランが多かったが、最新の車両では乗車率200パーセントくらいまでは同じブレーキ操作をしても機械が自動的にブレーキを調節してくれる「応荷重装置」がついているのでずいぶん減っている。

もうひとつの理由は、「電力回生ブレーキ」を使用している車両で、このシステムが急にきかなくなる場合。「電力回生ブレーキ」とは他の列車がブレーキをかけたときに発生した電気エネルギーを架線を通して溜めておき、再利用して車体を停止させるというエコロジカルなしくみ。とても経済的ではあるが、タイミングによっては電力が貯蔵されておらず、まったくブレーキがきかなくなるという欠点がある。こんな時には非常用の「空気ブレーキ」が作動するが、タイムラグがあるのでどうしてもオーバーランしてしまう。

次にどれくらい行き過ぎると戻るのか。ホームには、通常車両一両分（約20メートル）の余裕が、前15メートル、後ろ5メートル設けてある。この余裕を何メートル過ぎたらバックするという規則はなく、路線ごと駅ごとに違いがあるので一概にはいえない。ただ、新幹線や一部の地下鉄のようにホームに柵や扉がある場合は、少しでもずれればバックする。それ以外は、車掌が乗り降りできるかどうかを目で判断する。

では、ドアを開ける役割の車掌は、どうやってどれくらいずれているかを知るのだろうか。ホームの隅のほうに線路と直角な1メートルくらいの長さの黄色い線があり、そこに7とか8とか書いてあるものがある。これは編成ごとの停止位置目印。7両編成なら車掌が「7」の位置とどれくらいずれているかで、オーバーランを知るのである。だが、完全に停止するより先に先頭にいる運転士にはわかるから、ブザーであらかじめ知らせるというのが実際のところのようだ。

安全性抜群の「ホームドア」に隠されたデメリットの数々とは？

最近よく見かけるものに東京の営団地下鉄南北線や京都市営地下鉄などが採用した「ホームドア」がある。これは文字通りホームをガラスで囲み、電車と同じ位置にドアをつけて、電車が来た時だけ連動してこれが開くというもの。国内でも以前から神戸、大阪、横浜などの新交通システムで多く採用されている。

最大のメリットは安全性。２００１（平成13）年に山手線新大久保駅で酔っぱらって転落した人を助けようとして起きたような悲劇も起こりようがないし、飛び込み自殺もできない。また、ワンマン運行が可能なのも大きなメリットだ。電車のドアと連動し、センサーで察知するので乗客や荷物がはさまれることはないし、駅員がホームへと出て乗客を整理する必要もない。ワンマン化は経営の合理化になる。

しかし、デメリットが多いのも事実。ドアにぴったり合わせて停車しなければならないからゆっくり駅に進入する必要があり、それがダイヤに影響する。南北線などでは、駅にＴＡＳＣ（トレイン・オートマチック・ストップポジション・コントロール＝列車自動駅停止位置制御）があってドアとずれる心配はないが、費用が高い。次に

車両進入時の騒音も少ない営団地下鉄南北線の「ホームドア」

山手線のように混雑する路線では、停車時間が長くなって運転間隔が延び、混雑を激しくする恐れがあること。そして、一度ホームドアをつけると新しい車両を設計する時もそのドアの位置を変えることができず、デザインの制限を受ける。ホームがガラスに囲まれているため、鉄道ファンにとって観察や写真撮影がしにくいという点もちょっとした問題だ。

　もちろん、例えば相模鉄道横浜駅のように、現在の車両に合わせてドア以外のところに安全柵をつけるというやり方もあり、これなら将来新しい車両が入っても、柵を動かすだけでいい。だが、コストがかかるのには変わりがなく、結局安全を取るか効率を取るかということのようだ。

世界的に主流なのは電車ではなく客車!?

世界で走っている高速列車の主流が「電車」ではないことをご存知だろうか?

そもそも電車とは、客室のある車両自体が動力を持って運行している「動力分散式」の列車を指す。新幹線をはじめとする日本の列車のほとんどがこの方式を採用しているが、日本以外の国では、動力を持たない「客車」を機関車が牽引するという「動力集中式」の列車が主流なのである。

明治時代に敷設された日本のレールは国際標準軌よりも狭く、頑丈ではなかった。その後、鉄道の動力が蒸気から電気へと変わると、幅が広い重量級の電気機関車が入線できないという問題が浮上する。かといって、狭いながらも地形の起伏が激しい日本では、実際には大きな動力が必要であり、小型の電気機関車ではパワーが足りなすぎる。結局、「動力分散式」列車がもっとも高速化に適していたのである。

一方、ヨーロッパでは、各国間で電化区間の電圧や周波数が統一されていなかったため、国境で機関車を付け替えるだけですむ「動力集中式」のほうが都合がいいのだ。

第2章

ただの紙切れではない!?

切符にはいろんなウラがある!

同じものを指す「切符」と「乗車券」本当に正しいのはどっち？

「切符」にしても「乗車券」にしても、英語の「ｔｉｃｋｅｔ」の訳なのは確かだが、いったいどちらが正式な言い回しなのだろうか。まずはその歴史から振り返ってみよう。

最初に売られたのは、１８７２（明治5）年の鉄道創業時のもの。まだ日本には切符をつくる技術がなかったので、機械、用紙、改札のハサミまですべてがイギリスからの輸入品だった。

これは「エドモンソン型」と呼ばれ、片道専用で上等が白、中等が青、下等が赤の3種類。明治中期頃の新聞や小説などに「赤切符の乗客」が出てくれば、これは下等の客のことだ。裏面の注意書きが英語・ドイツ語・フランス語の3ヶ国語で書かれているのがおもしろい。

ただし、これが何と呼ばれていたかは実ははっきりしていない。１８７２年2月の鉄道略則では「手形」、同年3月に書かれた書類では「乗車札」、5月に駅構内に出された『鉄道列車出発時刻及賃金表』では「手形」と「切手」の両方がある。

「手形」は江戸時代の関所通行手形の名残、「切手」は同じ時代に生まれた郵便制度の切手の影響だろうが、いずれにしてもなかなかひとつには決まらなかった。およそ1年が経過した１８７３（明治６）年10月制定の『鉄道寮運輸課処務規程』でも「切手」と「乗車切手」があるなど、鉄道寮内での正式な書類ですら混乱が見受けられる。

変わったところでは１８７４（明治７）年６月の新橋～横浜間で発売された「汽車常乗切手」や、大阪～神戸間でその翌月に売られた「期限切手」という名の定期券がある。また、８月にはやはり大阪～神戸間で「往復切手」「往返切手」と呼ばれた往復乗車券も発売されている。

「切符」が初めて活字になったのは１８８２（明治15）年だが、これは一般の新聞記事が最初だった。「乗車券」はそれより遅く、１８８６（明治19）年の『定期乗車券発行規約』で初めてお目見えしている。

「切符」と「乗車券」だけでなく「手形」や「切手」も先にあったわけだが、現在では、一番新しい「乗車券」が規則上の名称になっている。「切符」とは正式には小荷物、手回り品関係に用いられているだけだが、話し言葉としては親しまれ、ＪＲでも「青春18きっぷ」など割引券の愛称によく使っている。

自動改札機はどうやって大人と子どもを見分けている？

ずいぶん普及した自動改札。人間ではなく機械が見張っているとなると、どうやって不正乗車をチェックするのか気になるところだ。例えば、料金半額の子ども用切符。大人が使って入っても、機械では見破れないのではないかと思うのだが、実際はどうなのだろう。

結論からいうと、機械は通ったのが子どもか大人かを判断することはできない。だが、どう見ても小学生には見えないようないい大人が子ども用切符で入場しようとすれば、おそらく駅員に呼び止められるだろう。

いったいこれは、どういうしくみになっているのか。首都圏のＪＲ東日本、小田急、東急、営団地下鉄など、どこも大体のしくみは同じだ。各社とも、子ども用切符で自動改札を通過しようとすると、裏の磁気を機械が読み取り、ランプがついたりブザーが鳴ったりして駅員に知らせるようになっている。そこで、明らかに子どもでない人物が入ろうとしていれば、「ちょっと待って！」ということになるわけだ。一見ノーチェックに見える無人臨時改札なども、駅員室のモニターで同じように目が光っている。開発当初はセンサーで判定する方法も考えられたそうだが、現時点では技術的に不可能ということでこの方式になっているようだ。

ところで、子ども料金で乗れるのは12歳まで。最近は発達がよくて大人同然に見える子どももいるし、反対に小学生と間違えられる大人だっている。このへんの判断は機械ならずとも難しいところだろう。ある地下鉄職員によると、改札機の高さである130センチがひとまずの基準だという。だが、小学校6年男子の平均身長が144・5センチだからこれには無理があり、結局駅員の目と利用者の良心にまかせざるを得ないということになる。

かつての改札のシンボル、パンチ同じように見えてもかたちはさまざま!?

どこの駅も同じ丸い穴を開けるだけの自動改札の普及で、最近は縁がなくなりつつあるものに改札のハサミ、つまりパンチがある。正式な鉄道用語では「鋏《きょう》こん」。かつての駅では、カチンカチンとリズミカルにパンチをさかんに打ちならす音が旅情をかきたてていたものだ。

さて、あのパンチの切り口のかたちだが、実は各駅で違っていた。大きさは縦横5

ミリ。その中に実にさまざまなかたちがつくられていて、印刷の文字がわからなくなってもどの駅から来たかがある程度わかるように、各駅ごとに決まったパンチが配布されていたのだ。

種類はけっこう多い。ＪＲではもっとも多い東日本の関東地区各駅で、基本35種、特殊10種、予備2種の合計47種。特殊はその駅でのみずっと使うもので、関東では東京、新橋、品川、横浜、上野などが使用駅だ。駅の数はもっと多いから同じものを使っている駅もあることになるが、となりの駅と同じとか、近い駅と同じにはしないよう工夫している。

私鉄各社ではどうかというと、東急や名鉄はほとんど1種類に合理化していたが、小田急のように全駅異なる69種類というところもあり、その考え方はさまざまだ。ただしパンチ使用時代の末期には、券売機に「入鋏省略」と印刷させていた会社もあったぐらいで、使わなくなる方向に傾きつつあったといえる。

ちなみに、パンチの起源はイギリス。リバプール・アンド・マンチェスター鉄道創業期に、町の印刷屋で偽造乗車券をつくって乗る不正乗車が横行し、それを防ぐために出札→乗車改札→車内検札→降車検札と4段階でチェックするシステムができたのが最初である。

自動改札導入が首都圏で関西より20年以上も遅れた理由とは？

今でこそどこへ行っても自動改札だが、首都圏で本格的に普及し始めたのは1990年代になってから。全国での第1号は1967（昭和42）年3月で、大阪の阪急電鉄千里線北千里駅に導入された。その後も関西私鉄で次々に導入され、名古屋、福岡、仙台圏もこれに続く。関東圏だけが20年以上も遅れをとったわけだ。

世界に目を広げると、自動改札についてはロンドンやニューヨークが先輩。1960年代にはコイン型のものを入れるとバーが回転する「ターンバー」方式が使われていた。しかし、あまりに利用者の多い日本にそのまま持って来るわけにはいかず、現在も約40パーセントのシェアを持つオムロン（当時は立石電機）が、日本独自の自動改札を開発することになる。

苦心の末完成した自動改札は、おりしも大阪万博が計画中ということもあり、それにふさわしい新しいシステムとしても注目を集めた。開業したばかりの北千里駅に普通の切符用と定期券用それぞれの専用機が設置されたが、若い住民の多いニュータウンなら新しい機械に対応しやすいといったこともあり、住民側もこれにうまくなじん

阪急電鉄が導入した最初の自動改札機。出入口が分かれているのがユニーク

だ。なかには、切符を入れたおばあさんが取らないまま行き先の駅に着き、「私の切符は届いていないかね」と駅員にたずねたというエピソードも残ってはいるが。

関西私鉄各社は、この後次々に100パーセント自動化に歩みを進めていった。これは実利的で新しいもの好きの関西人にとっては、人件費がかからず、東京ではまだ使っていないという点がマッチしたといわれている。

同じ時期にオムロンは東京でも説明会を開いたが、結局20年以上も一部を除いてほとんど導入されなかった。これには関東人の保守的なところとは別に、首都圏独自の事情もある。ほとんど1社だけで路線が完結する関西私鉄と違って、東京では山手線の各ターミナルに私鉄が接続し、しかも地下鉄などとの相互乗り入れも進んでいたため、数社にまたがる連絡定期券が発達していた。だから、１社が導入しても他社が使っていなければあまり役に立たないという見地から導入を見送っていたというのが実状のようだ。

いずれにしても、約20年遅れた首都圏の自動改札。ＪＲと営団地下鉄がようやく重い腰を上げたあと、私鉄各社もそれに続いた。時代が下れば設置費用も余計にかかるのはやむを得ない。首都圏３５０駅のほとんどを自動化したＪＲ東日本では、駅舎の改築が必要なところもあって総額では３５０億円もの投資になったという。

キセル防止のためにＪＲが7億円かけて導入したハイテク自動改札の威力とは？

不正乗車の代表といえばいわゆる「キセル乗車」。タバコを吸うキセルは両端だけが金（金属）でできており、中央部は木製、つまり金がないということからのネーミングである。

もっとも多いのは、定期券を持っている乗客が区間以外の駅から区間内へと帰る時だろう。短い距離だけ切符を買い、降りる時は定期を使うという手口だ。さらに悪質なケースでは、自宅最寄り駅と近くの駅とを結ぶ定期と会社近くの定期の計2枚を毎日のように使っていた者もいる。もちろんキセルは不正乗車だから、見つかれば鉄道運輸規程によって正規運賃の2倍までの追徴料が課せられる。この場合、追徴料とは別に正規の乗車賃もその場で請求されるから、自業自得とはいえ驚くほど高い金額を支払うことになるだろう。

だが、定期券を使ったキセルはなにしろ数が多い。1995（平成7）年にJR東日本が首都圏の98駅でおこなった調査では、定期で乗り越した乗客60018人のうち、乗り越し分の正規の切符を購入していたのはなんと1割強の693人だけだった。つまり、定期券利用者の多くが不正をしていたわけだ。当時キセルによる年間の損害額は、JR東日本だけで年間推定300億円になったという説もある。

そこで、JR東日本は98年から約7億円をかけて、ハイテク自動改札システムを導入した。このシステムでは、入場するとまず定期券にその情報を記録する。もし入場した記録のない定期券で改札口を出ようとすると、改札機がバタンと閉まり、ブザーがなるというもの。これは1992（平成4）年に阪急電鉄が導入し、1年間で初乗り乗車券の売り上げが43パーセントも減り、逆に乗車券全体の売り上げが約8億円増えたというスーパーシステムなのだ。今では関西の京阪、近鉄、関東の京成、相鉄などの私鉄も導入しており、その高い実績にＪＲが目をつけた格好になる。

ただし、システム未導入の私鉄などと相互乗り入れがあるＪＲでは、入場記録がない正規の乗客もいるから、路線によってはチェックが甘くなってしまうのはしかたのないところ。しかし、調子に乗ることなかれ、このシステムでは定期券にいつどこで乗車したかが記録されるから、そのうち不正がばれた場合は一目瞭然となって追徴金を請求される恐れもある。やはり、切符は正しく買うのが一番なのだろう。

ＩＣカード、タッチ＆ゴーでＩＴ対応！ＪＲ東日本「Ｓｕｉｃａ」の実力

２００１年３月、ＪＲ東日本に登場した「Ｓｕｉｃａ（スイカ）」は、これまでにないＩＴ時代の新出改札システムとして注目を浴びている。

「Ｓｕｉｃａ」とは［Super Urban Intelligent Card（先進の知能を持ったカード）］の頭文字をとったもの。「すいすい」行ける「ＩＣカード」という意味もあるという。

プリペイド式の「ＳｕｉｃａイオカードＩ」と、定期券にイオカード機能のついた「Ｓｕｉｃａ定期券」の２種類があり、どちらも券売機で「チャージ（入金）」して使う。

従来の磁気式と大きく違うのは、「ＩＣカード」と「非接触式」という２点だ。

金融機関などでも導入が予定されているＩＣカードは、これまでのペラペラとした磁気カードよりはるかに多くの情報が記憶でき、さまざまな使い方が可能になった。例えば、渋谷～新宿間の定期を持った人が、どちらも区間外の品川から池袋まで定期区間を通って行く場合、今までなら品川で切符を買い、降りる時に精算しなければならなかったが、Ｓｕｉｃａ定期券ならそのまま改札を抜けられる。運賃は自動的に精算され、イオカードの残額から差し引いてくれるので簡単だ。残額が減ったら何度でもチャージできるし、定期の有効期間が終わればカード内の情報が新しくなり、券面の印字までもが自動的に書き直される。定期機能のないイオカードの場合も同様で、同じカードが何回も使えるので環境にも優しい。その代わり、カードを発行時に５００円預ける「デポジット方式」を採用。聞き慣れないシステムだが、これは返却すれば戻ってくるし、紛失した場合も前のカードを無効にして再発行できるなど利点は多い。

非接触式も魅力的だ。ＩＣカードのアンテナで電波を飛ばして改札機に読み取らせるので、カードは定期入れから出さなくてもいい。これまでの磁気式は投入から放出まで約０・７秒かかり、混雑時に歩く速さに追いつけずつかえる問題があったが、これも解消されるはずだ。ＪＲ側によれば、接触がなくなることにより、メンテナンスの費用も少なくなるという。電波が届かないことのないように、ＪＲは改札機に軽く触れて進む「タッチ&ゴー」方式を推奨している。

まさにＩＴ時代の乗車券「Ｓｕｉｃａ」。今後の展開としては、私鉄・地下鉄・バスもこのカードを採用して、１枚のカードですべての交通機関が利用できるようになることが期待されている。

入場券の発売開始はとあるケンカが原因だった!?

入場券のルーツは、１８９７（明治30）年８月に山陽鉄道（現ＪＲ西日本、山陽本線）が「プラットフォーム入場券」として売り出したもの。料金は１銭、横長のかたちで入場時刻をパンチしていた。おもしろいのは、会社側が入場券収入を経営収入とは考えなかったこと。そのため、収入の半分を入場券の製作と発売手数料にあて、あとの半分は沿線の福祉施設にそっくり寄付していたのだ。

一方、鉄道作業局（国有鉄道）の入場券は、同年11月５日から送迎客の多い新橋、品川、横浜、名古屋、京都、大阪、三ノ宮、神戸、金沢、横須賀の10の駅に限り、１枚２銭で発売された。入場券発売を提案した跡田直一は、上司の賞賛を受けて出世したというぐらいだから、よほど斬新なアイディアだったのだろう。

ところで、鉄道作業局が入場券を発売したきっかけは、大阪駅で起きた一件のケンカだったそうだ。それまでは事前に駅長の承認を得さえすれば入場できたのだが、当時の控訴院（現在の高等裁判所）院長を見送るために無許可で入ろうとした数人の裁判官が改札係と口論を起こす。結局裁判官の一人が警察に連行される事件に発展し、新聞ざたになった。この時、鉄道側も制度の不備を認め、「入場切符」を制定した。

その後、入場券は他の駅にも広がり、送迎客の多い新橋では１９０２（明治35）年、1人5銭に価格が引き上げられた。その後も年間入場者10万人の「一等駅」は他の駅よりも高めという状況が続いたが、１９４２（昭和17）年に全駅が最低運賃と同じ10銭になった。この時は戦争による紙不足で、ペラペラの「軟券」も出現している。

また、第二次世界大戦中の駅の中には「応召家族無料入場券」という、戦地に赴く兵士を見送る家族のための入場証が出されていたのもご時世だろう。

新橋〜横浜1ヶ月が今でいうと30万円!? ステイタスシンボルだった初期の定期券

定期券の登場は、鉄道開通から14年後の１８８６（明治19）年のこと。区間は新橋〜横浜間、上等席と中等席についてのみ発行された。だが、現在と制度こそほぼ同じとはいえ、その存在となるとずいぶん違った意味があったらしい。

なんといっても値段が半端ではない。新橋～横浜の上等で、1ヶ月30円、3ヶ月75円、6ヶ月120円、1年では200円した。当時はお米の値段が20～30キロで1円という時代。30円は今でいうと30万円くらいだろうか。これでは普通の人にはとても買えない。しかも最初の予定額では、3ヶ月120円だったというからさらに驚く。

また、この定期券は、お金さえ持っていれば誰にでも売ってくれるというものですらなかった。政府の高官や各官庁に雇われている外国人、または大きな商店の主人とか、身分確かな一部の者に限られていたのだ。

当時、定期券は商店主に高い人気があった。これは持っているだけで店の格が上がったからである。つまり彼らにとって定期券とは、今でいえば由緒あるゴルフ場の会員券などにあたるステイタスシンボルだったのだ。

鉄道が全国に広がるに従い、定期券は徐々に庶民のものへと変化していく。学生定期乗車券が発売されたのは1895（明治28）年3月。その4年後に初めて3等通勤乗車券が発売され、ついに一般の人々も定期券で通勤できるようになった。

それから100年経った現在では、JRの利用者のうち3分の2は定期券利用者。ステイタスシンボルどころか、満員電車に押し込められ、ひいひいいいながら通勤しているのだからおかしなものだ。

JR「みどりの窓口」の発券機「マルス端末」はいつからある？

JR「みどりの窓口」にあって、係員が簡単な操作をするだけで新幹線の指定席券などが買える「マルス端末」。マルスとは［Magnetic Electronic Reservation System］の略だ。実は指定席券や乗車券だけでなく、航空券、旅館・ホテルの宿泊券、イベントのチケット、駅レンタカー券なども買うことができ、大変便利な端末なのだが、これはいったいいつ頃から使われているのだろうか。

マルスのコンピュータ・オンライン・システムのデビュー機「マルス1」は、1960（昭和35）年の登場というから意外に古い。ただし、当初は下りのこだま約1000席の空車状況を表示するだけのもので、発券は従来通り手書きだった。

その後、だんだんと収容座席数や対象列車が拡大してさまざまな機能が追加され、システムも「101」から「105」へとバージョンアップしていった。同時に団体予約システム「201」「202」も使われていたが、1985（昭和60）年には「100」型と「200」型が統合され「マルス301」が生まれている。

マルスの機能を発揮する各駅の端末も徐々に性能が良くなってきている。ＪＲ各社や駅によって異なるが、現在使われているものは次の5種類の端末だ。

３０１に先がけて１９８３（昭和58）年登場した、押しボタンと、本のようなページにピンを差し込む組み合わせで動かすというアナクロな操作系統の「Ｍ形端末」。１９８７（昭和62）年に使われだした、汎用パソコンを使い、キーボードで扱う「Ｌ形端末」。１９９２（平成4）年デビューの、タッチパネルタイプとマウス・キーボードタイプがある「ＭＲ形端末」。１９９６（平成8）年登場の、顧客が自ら操作して買える「ＭＶ形端末」。そして、１９９８（平成10）年にできたディスプレイとタッチパネルが一本化し、コンパクトになった「ＭＲ20形端末」が最新型だ。ソフトウェアの機能が限定されているためだろうが、ハードウェアはなかなかの個性派揃いだといえるだろう。

1人でも、大人数でも予約は思いのまま 花マル機能のスグレモノ「マルス端末」

さて、そのＪＲの「マルス端末」だが、数ある座席の中からいったいどのように座席順を決めていくのだろう。普通に考えれば一番端の席から順々に埋めていくのかと思うが、それではせっかく早く切符を買ってもうまみがなく、トイレの近くなど落ち着いて座っていられないような座席を割り当てられてしまう可能性もありそうだ。

ところがこのマルス、実際は痒いところに手が届く、スグレモノのシステムなのだ。まず、ひとつの席だけとる場合。好みにもよるが、一般に座席は通路側より窓側、車両の端よりは中程が好まれる。だから指定席を1枚とる時は、まず先頭や後端は避けた2列目の窓側が売られ、続いて3列目の窓側と埋めていく。車両も全車両のうち番号の若いほうから売っていくのが基本のパターンだ。もちろん、これはあくまで基本。乗客の人数にはばらつきがあるし、乗車駅でも違ってくる。

なお、どの駅からでも乗車日の1ヶ月前から指定席券は買えるが、乗車駅に近い駅のほうが切符が多く売れるという理由から優先権を与えられている。だから、ある一定期間まではいい席がとれやすいのだ。例えば、大阪から東京に行く場合、東京駅より大阪駅で買うほうがベターということになる。

また、飛行機の場合と同じように、希望すれば窓側か通路側かを指定することも可能。ただし、車両の前後は選べない。さらに出発前に一度だけなら変更できるから、不満があれば変えてもらうこともできる。

このマルス端末が威力を発揮するのが2人以上、グループでの予約だ。2、3人でも大人数のグループでも最適な選択をしてくれる。４人までの場合は「パターンサーチ」、５～14人の場合は「サーチ順サーチ」、人数が多くて全員ひとまとまりになれなければ、ちょうどいい数に分ける「分散サーチ」という機能で、予約済みの座席をかいくぐって、連続した席、まとまった席がとれるところを見つけてくれるのだ。

東京の地下鉄、都営線が営団線より高いのは、それなりの理由がある！

・東京を走るふたつの地下鉄、営団線と都営線。都営線のほうが高いという印象を持っている人も多いだろう。くらべてみると、初乗りは営団線１６０円、都営線１７０円。同じ九段下～新宿間は、営団線だと半蔵門線と丸ノ内線を乗り継いで１６０円、都営線は新宿線で２１０円だ。実際には永田町から赤坂見附への乗り換えの手間を考えると都営線を選ぶ人が多いだろうが、営団線のほうが料金が安いのは確かだ。

だが、事情を考えればこれは当然のことなのかもしれない。

まず営団には、都内の要所を結ぶドル箱路線の丸ノ内線と銀座線があり、しかもこのふたつの施設の減価償却は終わっているから黒字になる。これに対して後発の都営は、路線をつくる時にも営団より深いところを掘らなければならず、建設費も余計にかかってしまう。1キロの建設費は約300億円もかかるというからすごい。

しかも都営という性格上、純粋に利益を追求できないという事情もある。経営より都民の生活を優先させるから、わざわざ不便な場所に通すことになりがちなのだ。そういう場所に地下鉄をつくっても、営業的に期待できるわけがない。住民が路線の建設を請願して、それが都議会を通れば建設せざるを得ないわけだから、なかなか大変な話なのだ。

だが全国的に見て、札幌や大阪の同じ公営地下鉄とくらべると都営線は決して高いわけではなく、ほぼ同じ料金レベルだということがわかる。都営線にとっては近くにお金持ちの営団線がいるゆえ、高いというレッテルを貼られて気の毒ともいえるが、利用者からの不満の声はなかなか消えそうもない。

目的地まで買わずに乗り越したほうが得!? 精算方式を利用した賢い切符購入法

ＪＲは「切符は目的地まで買いましょう」とアナウンスしているが、ひょっとしたらこれはキセルなどの不正乗車を防ぐためだけじゃないのかも。実は目的地まで買わずに乗り越したほうが、お得な場合があるのだ。ただし、反対に損することもあるので注意が必要だ。

これは101キロ以上の長距離の普通運賃が1キロの差で違ってしまうことと、一部の都市区間では運賃の計算方法が変わる「特定都区市内制」による。

乗り越し運賃の計算法は、乗った駅から降りる駅までの料金から、すでに支払った分を引く「発駅計算」と、すでに買ってある駅から降りる駅までのぶんを払う「打ち切り計算」の2種類。もとの切符が100キロ以下の場合と、大都市近郊区間内発着の切符を同区間内の駅に変更する時は発駅計算、101キロ以上の切符で乗り越した時は打ち切り計算だ。

このうち打ち切り計算をうまく利用すれば運賃を安く抑えることができる。例えば、東京から東海道本線に乗って静岡県の興津に行く時、普通に東京～興津までの切符を買うと2940円だ。ところが、ひとつ手前の由比まで切符を買って精算すると2520円（東京～由比）＋180円（由比～興津）＝2700円となって240円の得になる。

反対に、東京から同じく静岡の吉原まで行く時、7つ手前の熱海までしか買わずに行って精算すると1890円（東京～熱海）＋650円（熱海～吉原）＝2540円。東京～吉原は2520円だから、この場合は20円の損になってしまう。

得するのは、距離を調べて、目的地のすぐ手前で運賃が上がってしまうような時。先の例では、東京から由比までなら158キロ2520円で、興津までは164キロ2940円ということを利用したのだ。

片道601キロ以上の往復割引は541キロ以上なら利用したほうがお得！

JRグループの往復割引。帰りに他の交通機関を利用されないようにできた制度だろう。適応されるのは片道601キロ以上の場合。例えば、東京から兵庫の姫路までは644・3キロで片道9560円だから、行き帰り別々に買うと1万9120円である。それが往復割引を使うと1万7200円と、なんと2000円近くも安くあがるのだ。

だが、お得なのは行き先までの距離が601キロ以上の時だけではない。実は541キロ以上の場合は、601キロ以上の駅までの往復割引切符を買ったほうがかえってリーズナブルなのだ。

例えば、東京から東海道本線で西に行くと、大阪府の茨木〜大阪市内区間が541〜560キロだが、普通に行き帰りを別々に買うと8510×2＝1万7020円。

これを601～640キロの兵庫県朝霧～御着《ごちゃく》までの往復として買うと9350×2×0・9＝1万6830円で190円安くなる。

当然601キロに近づくほど差額は大きい。普通に行き帰り別々に買うと、561～580キロは8720×2＝1万7440円だから610円。581～600キロなら9030×2＝1万8060円で1230円も浮くことになる。これなら駅弁ひとつくらい買えるだろう。また、往復乗車券には、片道の2倍の有効期間がある。購入の際によく調べよう。

2300円で東京から熊本に行ける!?「青春18きっぷ」のスーパー活用術

全国JRの普通と快速電車に、0時から翌日0時まで1日乗り放題の「青春18きっぷ」。5日分が1枚にまとめられ1万1500円。1日分にすると2300円で、これは東海道本線なら東京～沼津にあたる金額というリーズナブルさだ。特急券との組み合わせができないのがネックだが、急がない人、のんびり旅を楽しみたい人なら、目的に合わせた使い方でかなりお得になるだろう。

なお、「青春18」というネーミングでも、年齢制限があるわけではないから年配の人も大丈夫。同時に何人かで使ってもいいし、途中で他の人に譲ってもいい。ただし、通用期間が決まっているので、期間内に使いきらないとムダ。計画的に使おう。

ところで、1日乗り放題でどこまで行けるのだろう。東京から西方面だと、快速電車を効果的に利用すれば、九州、熊本付近までたどり着ける。これは、ファンの間でよく知られたコースだ。まず、23時43分東京発大垣行きの「ムーンライトながら」で出発する。この場合、0時までの分は普通乗車券を買っておく。

大垣着は6時55分。あとは順次、快速と普通を乗り継いで行けばいい。

この0時前出発の快速「ムーンライト」は、季節によって京都発の「ムーンライト九州」「ムーンライト高知」や、新宿発の「ムーンライトえちご」なども運行するので時刻表などで調べてみよう。指定席も発売されている。

また、青春18きっぷの使い方には、いくつかルールがあるので注意が必要だ。まず、何人かで同時に使えるが、2人以上で使う時は同じ行程で動かなければならない。同じ日に別の駅から乗る何人かで使う場合、切符を持った人以外は合流する駅までの分は普通乗車券が必要、などといったことも知っておきたい。

使用法についてわからないことがあれば、みどりの窓口でよく聞くこと。JRの乗務員でも、時々青春18きっぷのルールをよく理解していないことがあり、不正乗車と間違われたなどのトラブルがあったという声も寄せられているので、きちんと乗車の様子を説明しよう。また、通った駅でスタンプを押してもらうが、この表示が見えにくくならないように注意すること。

ダンボールに、トイレットペーパーに……使用済み切符はリサイクルの見本！

毎日の運行で使われている切符。いったいどれくらいの量なのだろう。

首都圏各社の年間使用量は、ＪＲ東日本約８００トン、営団地下鉄約２５０トン、都営地下鉄約60トン、私鉄では西武鉄道約80トン、小田急電鉄約１１０トンとのこと。もっとも我々が目にする機会の多い小型切符３０００枚で約１キロになるというから、莫大な量の紙が使われていることになる。

さて、使用済みの切符は東京駅だけでおよそ1日１５０万枚。これらは、まず不正がなかったかどうか駅員によって大まかに調べられる。それから「着札袋」という専用の袋につめ込まれ、トラックで東京東新橋にある鉄道管理局経理部審査課に送られてさらに不正がないかを調査。不正があれば調査がおこなわれるが、無事通過した切符はお役ごめんとなる。

その使用済みになった切符がいったいどこへ行くのかというと、けっこうリサイクルが進んでいるようだ。

ＪＲ東日本によると、１９９３（平成５）年から定期券を除くすべての乗車券は製紙会社のリサイクル工場に送られている。そこで磁気を取り除く処理をして、ダンボールに再利用しているのだ。

都営地下鉄でも同じく処理してトイレットペーパーにリサイクル。切符１キロが１５０メートル巻きで約２ロールになるというから、年間12万ロールができる計算になる。これは全量都が買い取っており、関係者によると、産業廃棄物として処理すると１キロ１４０円の費用がかかるが、リサイクルすれば約半額の77円程度。都にとっても買取価格が市価より安く、使い勝手もいいといいことずくめで、まさにリサイクルの見本といえるだろう。

営団地下鉄でも、切符を焼却した灰を歩道用ブロックに混入しているなど、各社ともにさまざまな工夫がされている。

近郊区間内、同じ駅を通らないがルール１３０円で楽しめる「大回り乗車」

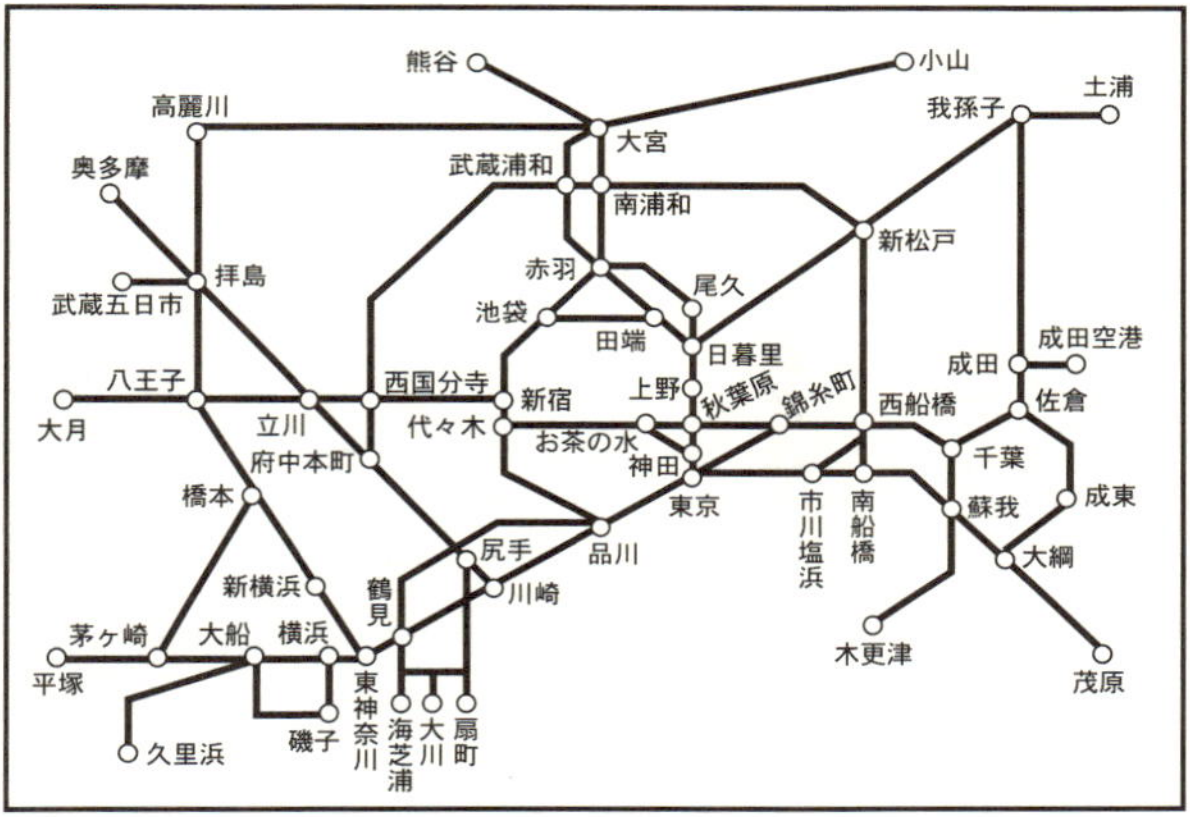

東京近郊区間図。１日かければかなりの大旅行が楽しめる

鉄道ファンの間でよく知られた「大回り乗車」というゲームがある。東京、大阪、福岡近郊区間内で楽しめる、初乗り運賃（東京１３０円、大阪１２０円、福岡１６０円）で大旅行をする遊びだ。電車に乗ること自体が好きな人や、のんびりいろんな景色を楽しみたい人にはぴったりだろう。

このゲームは、ＪＲの旅客営業規則第１５７条第２項を利用したもの。もとは利用客にとって使いやすいように、またＪＲとしても切符販売を簡単にするためのものだが、要するに区間内ならどこを通って目的地にたどり着いても、料金は変わらないという規則だ。

例えば、山手線で新宿から渋谷に行くのには普通内回りで３つ目だが、反対に外回りで上野・東京を回って来ても料金は150円で同じだ。ただし、片道乗車券なので同じルートを2度通ってはいけないし、「近郊区間相互発着」なので途中下車もできない。食事はお弁当か、ホームですませよう。

このルールさえきちんと守れば、一日中かけての大旅行も可能だ。例えば東京近郊でも、千葉の我孫子《あびこ》、大網、埼玉の大宮、神奈川の茅ヶ崎、多摩は八王子や拝島まで足を伸ばせる。時刻表を見ながら、ゆっくりルートを練るのも楽しいし、どこで食事をとるかを考えるのもいいだろう。

ただしルールを守らないと、検札に不正乗車として扱われてしまうこともあるので気をつけよう。とにかく、大都市近郊区間を出ないこと、同じ駅を2度通ったり、同じ区間を戻ったりしないこと、の2点をしっかりと守ろう。

また、検札で聞かれた時のために、乗車経路を記入したルートマップを用意しておくといい。

切符が紛失！ 念のためにしておきたい「再収受証明」の手続きとは何!?

乗車券をなくした場合にはどうなるか。こんな場合にはもう一度運賃を払うか、または乗車券を買いなおさなければならない。なくした分がムダになってしまうわけだから、切符はくれぐれも大事にしたほうがいいだろう。

万一なくしてしまってもう一度支払った場合でも、必ずとっておいたほうがいい手続きがある。それが運賃を2度払ったという「再収受証明」の発行だ。

これを精算所で発行してもらい保管しておくと、1年以内になくした乗車券が見つかった場合、2度払いした分は全額返却してもらえる。ただし、手数料（普通乗車券は２１０円、指定券は３２０円）が差し引かれるので、あまりに安い切符の場合では意味がないが。

なお、証明書に書き込まれている乗車券と、発見された乗車券とが完全に同じものでないと払い戻しはされないから、「再収受証明」を発行してもらう時に駅員から切符の種類や区間、運賃や日付などを聞かれたら、できるだけ正確に答えておくことが大切だ。

この時紛失と申し出ても、説明が悪いと紛失と認められない上に追徴金までとられることもあるので注意。しかし、こんな場合も再収受証明だけはもらっておこう。見つかった場合には追徴金分も払い戻してもらえるからだ。ただし、不愉快な思いをすることに違いはないので、説明は的確にできるように考えておくこと。

途中下車している最中になくした場合はちょっと特殊である。例えば、東京～大阪間の切符を名古屋で途中下車した人がなくした場合には、名古屋～大阪間だけの運賃を払えばいい。その時も「再収受証明」をもらえるが、見つかった時に返ってくるのは、もちろん名古屋～大阪の分だけだ。

また、名古屋で下車する人が紛失に気づき、ウソをついて近くの三河安城《みかわあんじょう》から乗ったと申告して再収受証明をもらい、その後切符が発見されても、払った分はもちろんビタ一文戻らない。やはり正しく申告するのが一番だろう。

10回分の料金で12回、14回乗れる！営団地下鉄のとってもうれしい回数券

回数券といえば、10回分の料金で11回乗れる、つまり1回だけお得というのが普通。通常の乗車券や定期券に比較しても割引率は大きいが、なかなか利用する機会に恵まれない、という人も多いだろう。しかし、東京の営団地下鉄には、同じ10回分の料金で12回、14回乗れるうれしい回数券がある。区間も問わない親切さなので、ぜひとも積極的に使ってほしい。

12回乗れるのは「時差回数券」。これは平日の10時から16時までの乗車に限って使

うことができる。外回りの仕事が多いサラリーマンなどにはうってつけの回数券だといえるだろう。ただし乗車する時間は、自動改札で1分の容赦もなく判断されるので、使用の際には気をつけたい。

14回と、なんと4回もお得なのが「土休日回数券」。これは時差回数券と反対に、土曜・休日・12月31日、1月2～3日だけ使えるものだ。160円券でも640円割引だから、昼食代ぐらいにはなるだろう。ただし、元旦は使えないので、この点は注意しておこう。

営団地下鉄の回数券は、乗車経路を指定しない「金額指定式」。また、乗り越しの場合は、160円の券で190円の区間なら30円の差額を払うだけでいいから、いろいろな区間で乗る人はひとまず160円の券を買っておくといいだろう。営団線は初乗り料金の160円切符でもかなり遠くまで行くことができるので、不便を感じることはあまりないはず。さらに未使用のものは、営団線内の精算にも使えるというのも大きなメリットだ。

有効期間は3ヶ月。また、このふたつの回数券には子ども用はないので注意。

ところ違えばおもしろさも違う
世界の鉄道あれこれ

「海外の新幹線」は間違った表現!?

「海外の新幹線に乗ってきた」などという人がいるが、日本の新幹線と海外の超高速列車は同一視できるものではない。

そもそも日本の新幹線は、在来線と軌間が異なるため、新線を建設するところから始まった。つまり新幹線は、在来線とは無関係な鉄道体系であり、在来線で運行することができない車両なのである。そのため新幹線は特別な安全基準をもとに、あらたな発想を多数盛り込むことができたのだ。

山形新幹線の福島～新庄間と秋田新幹線の盛岡～秋田間は同じ線路を在来線と新幹線が共有しているが、これは「新種」であって新幹線本来のスタイルではないのである。

海外でこのような鉄道体系にあたるものはスペインの「ＡＶＥ」くらいで、ほとんどの高速鉄道は在来線と同じ路線を走っている。

日本の新幹線が路線や車両全体の総称であるのに対して、海外の高速鉄道は車両のみを指しているのだ。だから「外国の新幹線」といってしまうと微妙な意味のズレが生まれてしまうことになる。

第3章

地面の下は謎世界！

知られざる地下鉄の真相とは？

24時間運行できない東京の地下鉄 毎晩メンテナンスが必要だからだった!?

24時間眠らない街、東京。それなのに地下鉄は、深夜12時くらいまでしか走らない。おかげでタクシーを捕まえるのには苦労するし、ホテルもいっぱいで見つからない。ニューヨークやシカゴなどでは終夜運行をしているのに東京の地下鉄にできないのは、ただやる気がないだけではないのか。その証拠に大晦日には一晩中走っているではないか……。

ところが実際に、これはできない相談なのだ。国土交通省でも深夜運行するように指導しているのだが、地下鉄各社は制約条件を理由にできないといっている。その条件で一番大きいのはメンテナンスの問題だ。

東京の地下鉄の路線は老朽化しているところが多い。枕木や、その下のコンクリートの道床部分を新しくしたりしなければならないため、かなりの修理作業が必要になっている。列車が車庫に入ってから始発までの毎日約5時間は、メンテナンスのための時間なのだ。地上路線と違って、地下鉄では、いちいち基地から機材を持って行って作業しなければならず、また作業できるスペースも広くとれない。基地から現場までに片道1時間かかると、作業できる時間は3時間。作業人員の確保にも問題がある。現状では、枕木の交換が1晩10数メートル、土台部分の作業は1日1メートルしか進まないという。限られた人員で進める作業の安全性も考えると、1日5時間の非運行時間は絶対に必要で、これ以上減らすことは無理なのだ。大晦日の終夜運行は、ずいぶん前から準備しておこなっているもので、毎晩となるとこれは不可能な話である。

また、ニューヨークの地下鉄が24時間運行できるのは、上下2本ずつの複々線だからで、東京は上下1本ずつの複線だという事情の違いもある。複々線なら、そんなに多く走らせるわけではない深夜には2線だけを使い、あとの2線はメンテナンスに集中できるのだ。

地下鉄の線路の下にはジャリが敷いてないのはどうして？

普通に地上を走る路線と地下鉄。同じ鉄道だが、地上路線の線路下に敷いてある道床のジャリが地下鉄にはなく、コンクリートで固められている。これはいったいなぜだろう。

それにはまず、道床のジャリの役割を知っておかなければならない。このジャリは

「バラスト」と呼ばれ、列車が通る時の振動を吸収して重い車両の走行を支えている。また、気温によってレールが伸びたり縮んだりした時に線路の下の枕木が移動するのを防いだり、雨の排水をしやすくする。列車の運行には、欠かせないものだ。

だが、地下では気温の変化も少なく、雨も降らない。だからバラストを敷く必要性があまりない上に、設置費用の問題もある。バラストになる膨大な量の石を集めるには、大規模な採掘工事をしなければならない。なにしろ線路1キロあたり約1500〜3000トンが必要だし、列車が通るうちに削れたり沈んだりするので、時々補充する必要もある。

コンクリートを使用することには他にもメリットがある。例えば枕木で比較した場合、コンクリート製の枕木は木製のそれより、耐用年数は約25倍にもなる。重たいし、値段も5倍くらいだが、長い目で見れば5分の1程度の値段になるのだ。これが道床ともなればメンテナンスの面倒さは枕木の比ではないから、コンクリート製はコストの低減に一役も二役も買っているといっていい。

そういうわけで、地下鉄ではバラストでなくコンクリートが敷かれた。ただし地下鉄といっても地上を走る部分ではバラストも使われている。全体的な比率は東京の営団地下鉄でコンクリート約6割、バラスト約4割になっている。

ずっとトンネルの中にいる地下鉄 換気はどうやっておこなわれている？

狭い地下のトンネルを走る地下鉄とその駅。さぞかし換気には気を遣わなければならないかと思うと、意外にそうでもないらしい。

ホームで電車を待っていると、最初に突然強い風が吹いてきてから電車がやってくる。実はこの風は、列車がトンネル内の空気をピストンのように押してできたものなのだ。この原理を応用して、トンネルの適当なところに換気口をつくっておく。こうしてさえおけば、列車が走るのと一緒に古い空気は換気口へと追いやられ、自動的に入れ替わるというわけだ。あのマリリン・モンローが『七年目の浮気』で見せたスカートがめくれるシーンは、この換気口を使用したものだったのだ。銀座線、丸ノ内線、日比谷線、東西線の一部など、日本の初期の地下鉄でも70～１００メートル間隔で換気口がつくられていたが、最近ではあまり見られなくなっている。

ではその代わりにどういう手段を用いているのかというと、できるだけ送風機による強制換気をするようになってきている。最近ではほとんどの路線で、駅やトンネルに強制換気のための換気塔が建てられているのだ。特にトンネルが深い新しい路線では、換気口だけでは苦しいだろう。

また換気口がないことは、浸水防止にも役立っている。空気のめぐりの悪い地下鉄トンネルでは、地上の鉄道とは違った衛生管理が必要だが、排水対策もそのひとつ。坂道が苦手な列車が走るにもかかわらず、トンネル内には排水の目的で約2パーセントもの勾配がつけられているぐらいだ。線路に沿った排水溝を流れた水は、いったんマスに集められ、ポンプで地上に汲み上げられて下水道に行く。ポンプは故障に備えて、複数用意されているというから用意周到だ。

クレーンで吊ることもある!? 地下鉄車両の地下降ろし作業の謎

地下鉄の車両はどうやって入れるのか考えると眠れない、という漫才が以前あったが、実際どうやって地下に運ぶのだろうか。

実のところ意外に簡単で、たいていの路線は地上に車両基地があり、そこから入れるので何の問題もない。また、部分開通で車両基地が完成していない場合などは、JRや他社私鉄と一時的に接続して車両を搬入することもあるそうだ。

もっともダイナミックなものとしては、クレーンで車両を吊り下げて地下に降ろす方法がある。例えば都営新宿線は地上には車両基地がなく、東大島駅近くの公園の地下が基地になっている。ここに車両を搬入する時には、戦隊ものの秘密基地のように天井の一部が開いて、そこからクレーンで吊った車両を降ろすのだという。

１９９１（平成３）年開通の営団南北線の駒込～赤羽岩淵間では、他の路線とつながっていなかったため、やはりクレーンで降ろした。車両をまず車体部分と台車部分に分離させ、先に台車を降ろしてそこに車体をドッキングさせるという方法だ。

また、２０００（平成12）年開業の大江戸線では、全線一斉開通だったため、約３００台の車両がおよそ1年がかりで搬入された。コストダウンのため先頭部でも24トンと小さめの大江戸線だが、各地の工場で完成した車両が、トレーラーに移されて旧木場貯木場跡地の木場公園地下にある総面積7万平方メートルの車庫に到着。垂直に開いた深さ13・2メートルの穴から、車体部分と台車部分に分けて降ろされたのである。

皇居の下に地下鉄が通ってないのは天皇家が住んでいるからではない？

正確な地図の上で地下鉄の路線を見てみよう。クモの巣のように絡まった路線が、なぜか1本も通っていない場所が都心の真ん中にひとつ。誰もが知っている、あの皇居である。やはり、地下鉄を通すなどとんでもないことなのだろうか。

地下鉄を含めた都市交通の基本的な計画は、国土交通大臣の諮問機関である運輸政策審議会というところがつくっている。営団線も都営線も、多少の変更はあってもその案に沿って路線を引くわけだ。その審議会の答申にも、皇居の地下が計画に加えられたことはないという。やはりそこに、天皇家が住んでいるからなのか。

だが、本当はもっと大きな理由があった。皇居には道路がないのだ。

もう1度地図で地下鉄の路線を見ると、ほとんどが主要道路の下を通っていることがわかるだろう。建物の下にトンネルを掘るのは、初期の技術では難しかったし、法律的に土地の所有権は地下にも及んでいて、買収に資金も手間もかかり過ぎる。そのため、公道の下を掘るのがもっとも手っ取り早いのだ。東京の地下鉄は必要以上にぐにゃぐにゃと曲がりくねったり90度のカーブがあったりするので、スピードが出ずに揺れも激しい。公道のレイアウトに沿っている以上、地下鉄がこうしたかたちでそのあおりを受けるのは当然だろう。

そんなわけで、皇居の下には地下鉄が走っていないのだが、まあ皇居に地下鉄の駅があってもしかたがないといえばしかたがない。けれども、皇居の下を通らなかったおかげで東側の隅田川までの地域には何本も密集することになり、5本もの路線が27

・１メートルの深さまで重なり合う大手町の駅のような事態を生んでしまっているのだ。

違う名前なのに同じ駅⁉　不思議でわかりにくい東京地下鉄駅名事情

複雑に路線を走らせる東京の地下鉄。そうするうちに初めは別の駅だったのが、新しい路線ができたことで一緒の駅になってしまうケースがある。

営団丸ノ内線・銀座線の乗換駅赤坂見附駅と、有楽町線永田町駅はもともと別の駅で、両駅の間には連絡通路さえなかった。それが、１９７９（昭和54）年に営団半蔵門線が永田町まで延びた時、一緒の駅扱いになってしまったのだ。ふたつの駅は業務上は完全に同じ駅だが、駅名の表示などは、一体化する前のまま使っている。

半蔵門線の永田町駅は、赤坂見附駅と有楽町線永田町駅の間の地下36メートルの深さでつくられたのだが、その20メートル車両10両編成用のホームの西側は赤坂見附駅に、東側は有楽町線のホームにまで届いてしまった。そこで、地中深い半蔵門線のホームにエスカレーターをつけて橋渡しとし、同じ駅にしてしまったのだ。

これで区間によっては運賃が安くなるなど、利用者にとって利点もできたのだが、丸ノ内線・銀座線から有楽町線に乗り換えようとするとおそろしく遠いのが難点だ。しかも、以前は遠回りになっても乗り換えすれば赤坂見附駅から永田町まで電車に乗って行けたのに、現在では「歩いて下さい」と切符を売ってくれないのがおもしろい。

また、これと似たような意味でまぎらわしいのが、営団丸ノ内線淡路町駅、千代田線新御茶ノ水駅、都営新宿線小川町駅の3駅の場合。淡路町駅と新御茶ノ水駅が新宿線を橋渡しに同じ駅になったのは赤坂見附・永田町の場合と同様だが、都営線がそのふたつと違う駅名にしたため、乗り換えできる3つの路線の駅名がすべて違うという事態になってしまっている。しかも、営団と都営の乗り換えはすぐできるのだが、営団同士の乗り換えにはいったん改札を出なければならないというややこしさだ。

スプリンクラーがないのは発火防止策!? 徹底した地下鉄車両の火災対策

ただでさえ鉄道での火災は大惨事になりやすい。車両という密室に大勢の人が乗っているのだから当然といえば当然だが、特にトンネルを走っている地下鉄ではなおさらだ。それで、国土交通省では車両に厳しい防火基準を設けているが、地下鉄各社も開業当初から車両には万全の火災対策を施してきた。

１９２７（昭和２）年の開業から１９６８（昭和43）年まで走った１００１号ですら随時改良が加えられ、その時代の最高の技術が使われている。車体は日本初のオールスチール製で、内部も燃えやすい木材はなるべく避け、アルミニウムや真鍮の難燃構造だった。火災対策だけでなく走行の安全対策もぬかりがない。今でこそ常識の、赤信号で自動的に急ブレーキをかけて追突を防ぐ自動列車停止装置もいち早く採用されている。

１００１号の難燃構造という概念は、現行車両でも変わらない。電車は燃料を積んでいるわけではないので、何より不燃化対策が最重視されているわけだ。車両は床の詰め物以外は、アルミデコラ、塩化ビニリデン、ＦＲＰ（繊維強化プラスチック）など不燃性の材料でできている。乗客の中にシートをライターなどで焼こうとする者がいるが、地下鉄のシートは焦げることはあっても燃えることはない材質だ。床下の電気機器も、過熱して発火することのないように断熱箱に入れられている。

消火器はあってもスプリンクラーはないが、これは電気部分に水がかかるとかえって火災がひどくなる恐れがあるからだという。

しかし、いくら注意してもし過ぎることのないのが防災対策。車体が燃えなくても、紙でできた中吊り広告などもあるから、乗客も常に注意を怠らないことが大切だろう。

5つの路線が走る東京最大の地下鉄駅乗降客ではトップにならないのはなぜ？

東京最大の地下鉄駅は5つの路線が乗り入れている大手町駅。4つの路線が通っているのは飯田橋駅の他、運賃計算上ひとつの駅とみなされる日比谷・有楽町、赤坂見附・永田町のふたつの駅があるが、5つの路線が交差しているとなると大手町しかない。ちなみに3つとなるとたくさんあり、大阪市営の本町駅、札幌市営の大通駅などにも3つの路線が走っている。

大手町を通っているのは、営団の丸ノ内線、東西線、千代田線、半蔵門線、それと都営三田線である。5つも路線があるから駅のつくりも複雑で、それぞれが違った深さのところを走っている。丸ノ内線は地下10・2メートル、千代田線14・2メートル、東西線18・4メートル、半蔵門線27・1メートル。内部はまるで迷路のようだ。こんな構造だけに、同じ駅といっても乗り換えに5分以上かかることもあるし、駅長が全構内を指さし点検していくと、それだけでまるまる2時間もかかってしまう。

ところで大きさがトップだから乗降客もトップ、と思いきやそうではない。実は池袋や北千住より少ないのだ。

理由としては、ひとつに池袋や北千住はターミナル駅で、地下鉄線だけでなく、JR線、西武線、東武線などと連絡していること。もうひとつは大手町の場合、前後に乗降客の多い別の駅が多いということがあげられる。丸ノ内線では池袋、新宿、四ッ谷あたりから乗ってきた乗客が赤坂見附、霞ヶ関、銀座、東京などに分散し、千代田線では霞ヶ関、新御茶ノ水、西日暮里でもずいぶん降りる。北千住などのターミナル駅ではそこまで乗ってきた人の大部分が降りるから、乗降客数になると大手町駅を上回ることになるわけだ。

ついでにいえば、乗り換えにあまりにも時間がかかりすぎる大手町駅を敬遠し、国会議事堂前駅や九段下駅で乗り換える乗客が多い、という事実も否定はできないが。

地下鉄に踏切があって事故も起きた!?
営団銀座線の上野検車区踏切

踏切のあるめずらしい地下鉄は営団銀座線。地下鉄名所のひとつだ。

場所は、上野駅に近い東京都台東区東上野４丁目。上野検車区への出入り線にある。銀座線は上野から稲荷町方面に２００メートルほど行ったあたりでトンネルが左に分かれている。この単線の連絡線は約２３０メートル進んで急勾配を登り、地上の切り

上野検車区前の「地下鉄用踏切」。やや奥まった場所にあり、それと気づかない人も多い

出し部分へいったん出たあと、踏切を渡って車庫に入るのだ。銀座線にはパンタグラフがないため、踏切を通過する車両を見た人は、奇妙な違和感を感じるかもしれない。

車庫は最初地上1階だけだったが、手狭になったので地下にもつくって2階建てになっている。踏切を通るのは、定期検査、修理、清掃などのために出入りする車両の他、昼間でも10数回、地上と地下の車庫の間を移る車両の行き来がある。

構造の上で変わっているのは、歩行者が銀座線の集電方式である「サードレール（第三軌条）」というレールに触れると危険なので、線路側に扉のような遮断機がついていて、それが普段は閉じているところ。電車が来ると上野検車区の係員がかけつけ、手回し式のハンドルを操作して道路側の開閉機を下げると線路側の扉が開く。また、いたずら好きが線路づたいにトンネルや車庫に入ってこないようにとの配慮もある。

さて、この踏切は１９２７（昭和２）年に上野〜浅草間開通とともにできたが、１度だけ交通事故も起こっている。１９７５（昭和50）年夏、一時停止を怠ったトラックが踏切に飛び込んだのだ。電車が進入する直前であわや衝突というところだったが、幸いにして何とか難は逃れている。

また、こことは別に、東京大田区の都営浅草線の終点、西馬込駅の先にある馬込車両工場への引込線にも３ヶ所の踏切があるが、浅草線はパンタグラフ式なので普通の地上の電車のようにしか見えない。ただし、トンネルに通じる開口部には扉をつけて、関係のない人が入って来ないようにしてある。

深夜の代々木公園の地下深くでは8本の列車が静かに眠っている!?

土地に余裕がない都市部の地下鉄では、車庫や車両を置いておく留置線、修理などをする基地などの場所の確保に苦心するのは、しかたのないところだろう。

そのため大がかりなものは郊外につくるしかないが、最近では相互乗り入れしている他社の沿線に車庫をつくることもある。また、地上と地下からなっている銀座線の上野検車区と、地下に工場を持つ2重構造の丸ノ内線茗荷谷《みょうがだに》駅小石川車庫は少ない土地を有効に使うため、基地を2階建てにしてしまっている。さらに、都営地下鉄にも同じような基地があり、上部を人工基盤にして住宅が建っている三田線高島平基地、2重構造でクレーンを使って検修車両を移動させる新宿線大島基地などにも、構造的な工夫がなされているといえるだろう。

都心部では地下線内に車両留置線をつくることがあるが、千代田線の代々木留置線があるのは広大な代々木公園の地下深いところだ。8本の列車を収容できる巨大な空洞で、作家藤原智美の芥川賞受賞作『運転士』でもとりあげられている。

また、有楽町線には和光市に路線が延長されるまで大きな車庫はなかった。かつては市ヶ谷と飯田橋の間の飯田橋検車区と、桜田門駅と千代田線霞ヶ関駅の間の「8、9号線連絡側線」と呼ばれる500メートルほどの単線部も、夜は留置線として使われていた。

景色が見えないので、あまり窓の外を見る人のいない地下鉄線。だが、注意してよく見ていると、こういった車庫などがどこにあるかがわかってけっこうおもしろいのだ。

要所ずらり！ 有楽町線核シェルター説、有事地下鉄説のこれだけの根拠

ベイエリア新木場から埼玉の和光市までを結んでいる営団有楽町線。池袋以北は何度か延長工事がおこなわれ、その部分に自衛隊練馬駐屯地に近い平和台駅、同じく朝霞駐屯地に近い和光市がある。そんなこともあり、１９７４（昭和49）年の開業以来ささやかれてきた有楽町線「核シェルター説」「有事地下鉄説」が、いよいよ信憑性を帯びて語られてきている。

そもそも沿線には、国家と自衛隊、公安の要所がずらりなのだ。

永田町の国会議事堂はいうまでもないが、桜田門も皇居・警視庁が目と鼻の先にある要所中の要所だ。市ヶ谷には最初から自衛隊が存在し、さらに右記のふたつの駐屯地が加わる。しかも、新富町の朝日新聞、麹町の日本テレビとＦＭ東京、そして永田町のＴＢＳと、マスコミも数多い。そして、何かあった時のためのものと考えられる数々の設備の存在も、噂に尾鰭をつけている。

それは次のようなものだ。地下23メートルと深い永田町の駅は、国会議員用の核シェルターではないか。国会議事堂一帯の建物と永田町駅は地下通路で結ばれていて、

いざという時には首相官邸や議員会館を自由に行き来できるのではないか。さらに、自衛隊のある市ヶ谷駅のホームや和光市駅の階段は不必要と思えるほど他の駅より広く、これは部隊の整列や戦車の通行に使われるのではないか……。

この件について、営団広報担当者は「またですかぁ」と一笑に付したが、機密事項については一般職員に語られないのがその世界の常識だ。一部の軍事評論家によれば、いくらなんでも地下鉄のトンネルを戦車が走るのは無理というが、彼らも本当のところを知らされていないだけかもしれない。

というわけで、有楽町線に関するきなくさい噂は絶えないのだ。

網の目のように地下鉄が走る東京に1本も走っていない区があった⁉

日本でもっとも地下鉄が走っている都市はもちろん東京。営団線と都営線が網の目のように広がっている。

そんな東京23区にも、地下鉄が走っていない区があるというから意外な気がする。

ところで、最初に考えておきたいのは「地下鉄」とは何だろう、ということである。

正式に地下鉄に分類されるには、建設時に地下鉄補助金が支給されなければならないから、この意味では東京の地下鉄は営団線と都営線だけだ。路線図をよく確かめてみると、営団線も都営線も走っていないのが葛飾区と世田谷区だ。

だが、文字通り地下を走る鉄道ということなら、地上に出て走る営団丸ノ内線の四ッ谷や後楽園付近は地下鉄ではない。反対に東京の地下を走っている路線なら、営団線と都営線以外にもかなりある。ＪＲ東京駅付近の横須賀線・総武快速線。新幹線だって長い間地下を走っている。私鉄でも、東急田園都市線（渋谷〜二子玉川間９・４キロ）、京急本線（品川〜泉岳寺間１・２キロ）、西武有楽町線（小《こ》竹《たけ》向《むかい》原《はら》〜新桜台間１・２キロ）など地下を長く走る路線は少なくないのだ。

そして、これらの「かくれ地下鉄」の中では、東急田園都市線が世田谷区を走っている。ということは、葛飾区だけが東京で唯一の地下鉄が通らない区になるわけだ。

世界初のロンドンの地下鉄は蒸気機関車！乗客は煙たくなかったのか？

世界で初めての地下鉄が走ったのは１８６３年のロンドンのメトロポリタン鉄道。区間はビショップス・ロード駅とファーリンドン・ロード駅を結ぶ約６キロで、現在のサークルラインの一部だ。まだ日本は明治維新前である。

当時、人口200万人を超えていたロンドンでは、地上にはすでに馬車による渋滞が発生して問題化していた。1851年、その解決策として早朝と深夜に走る「労働者のための列車」が発案されて議会を通過。その12年後に開通した。一般公開日には、3万人の市民が試乗に殺到するほどの大人気だったという。

ところで、19世紀中頃といえば、まだ電車はないはず。ならば最初の地下鉄は蒸気機関車ということになるが、トンネルの中で煙はどうしていたのだろう。

まず、工法に工夫があった。建設費を抑えるためもあって浅めに露天掘りし、煙を出すためのオープンカット区間をつくる。しかも、停車駅には天井をつくらないところもあった。地下鉄の駅なのに青空が見えていたわけだ。燃料は煤煙の少ないコークスを区間ごとに十分に焚いた後、その余力でトンネル部分を走っていた。

それでもトンネル内の煙とすすはすさまじく、庶民は苦しい思いをしながら地下鉄を利用していた。その後、1890年にシティ・アンド・サウス・ロンドン鉄道（現在のノーザンライン）が円形断面の深いトンネルを掘ったが、この時はまだ電車ではなく、電気機関車が牽引。最初から電車を走らせた地下鉄は1896年開業のブダペストが初めてで、メトロポリタン鉄道は1905年に電化した。これによりようやく地下鉄は煙たくなくなり、世界に名だたる「チューブ」の時代が到来するのだ。

黒と白の豆で交通量調査した!?型破りな地下鉄の父、早川徳次

日本で最初の地下鉄が開通したのは１９２７（昭和２）年12月30日。上野～浅草間が開業している。

その後１９３４（昭和９）年には新橋まで延びたが、その途中、今では１日35万人もの乗客が地下鉄を利用する銀座駅に、「地下鉄の父」早川徳次の像がある。彼の仕事については、新田潤の小説『東京地下鉄道』に詳しい。

鉄道院嘱託としてロンドンの他、欧米各地で地下鉄を見学した早川は、東京に地下鉄を通すことを計画。東京軽便地下鉄道（後の東京地下鉄道）が設立される。

この計画は最初誰にも相手にされなかった。東京のような低湿地では無理だとか、できても採算がとれないとか、早川のことを山師、ホラ吹きと見る人も多かったらしい。当時の鉄道院副総裁は、「こんな危ないものが東京にできたらたまったものではない。第一、宮城近辺の土の中を走るなんてけしからん」と申請書をはねつけたという。

だが早川は、そんな困難もひとつずつ解決していった。国や当時の東京市、財界人

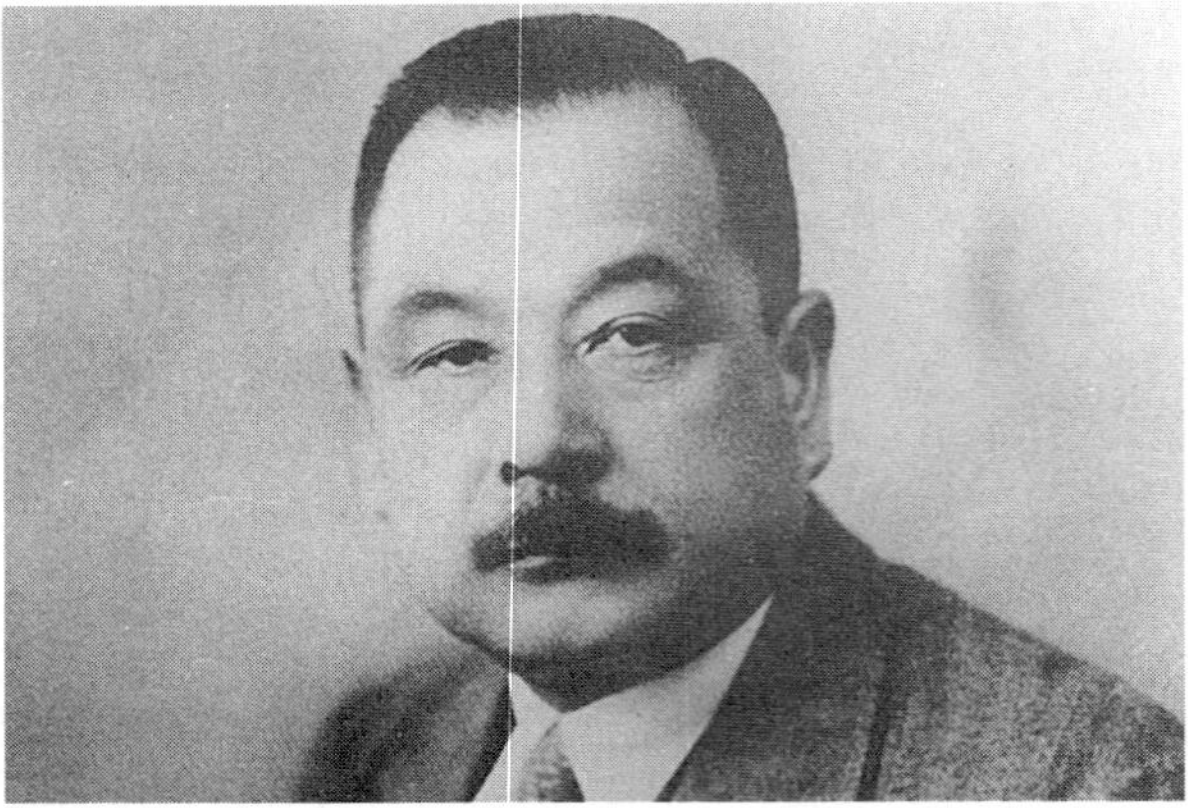

二色の豆を使って交通量を調査した「地下鉄の父」早川徳次

たちに地下鉄の必要性を説く他に、地質や湧水量を調査。路線の選定については東京市には満足のいく資料がなかったので、自らにぎやかな交差点に立って交通量を調べた。

この交通量調査の方法がユニークだった。一日に何度か、同じ場所にじっと立つ。彼は上着のポケットに黒と白の豆を用意し、計数器の代わりにして往来の市電や馬車、自動車の数を数えたのだ。

こうして、早川は当時の東京で交通量が多いのは、浅草～上野～銀座～新橋を結ぶ線の上であることをつきとめ、この線の下に地下鉄を通すことに決めた。

これは、現在の銀座線の一部となっている。

赤い車両はどっちだ？地下鉄のカラーをめぐる仁義なき戦い

東京の地下鉄路線図を広げると、赤といえば丸ノ内線、黄色は銀座線、千代田線は深緑。路線図のシンボルカラーと車体のカラーはほぼ統一されていて、複雑な東京の地下鉄をいくらかわかりやすくしてくれている。

この色分けはいったいいつから始まったのだろう。

もともと地下鉄の車体色は開通当時からカラフルで、旧国鉄など黒が車両塗装の主流だった当時、オレンジのボディを採用して話題を呼んだ。その後登場した丸ノ内線の真っ赤な車体に波型の白い帯をつけたオシャレなデザインは、かなりの注目を集めたものだ。そして、現在のように路線ごとに色分けすることになったのは、１９６４（昭和39）年の東京オリンピックの頃だから30年以上の歴史がある。

同年開通の日比谷線は、初めてのステンレス製車体を採用。当然色はシルバーだが、これだと印刷には不向きというわけで、シンボルカラーは紫になった。だが、その頃都営線では浅草線に赤、三田線にピンクを使っていた。これに日比谷線の紫が加わると似たような色ばかり、しかも車体色とも異なるのではわかりにくいという利用者の声が出て、1969（昭和44）年に営団と都営の間で調整と談合がおこなわれた。

談合の席上、両者が一番ほしがったのは、もっとも目立つ赤。大いに紛糾した末、車体色が赤とクリーム色のツートンカラーだった浅草線が間をとってピンクで妥協し、問題の赤は、車体色そのままに丸ノ内線で落ち着いた。そして代わりに営団は、青を三田線に譲ることになったのだ。

この時営団の担当者は、赤の次に目立つ青を譲るとはどっちの味方かと上司に叱責されたというし、青をとった都営は色調が暗いと部内では不評だったという。なお、現在日比谷線は車体色とシンボルカラーはシルバーで統一しているし、紫は半蔵門線が用いている。路線図にもさまざまな歴史があったわけだ。

営団、都営地下鉄がなかなか車両冷房をしなかった理由とは？

現在でこそ営団、都営ともに冷房率100パーセントになっているが、10年ほど前まで東京の地下鉄には冷房設備はなく、乗客はムシ風呂のような車内でひたすら耐えるより他なかった。

1971（昭和46）年に、営団地下鉄は銀座駅などの駅冷房とトンネル冷房を開始したが、車両自体の冷房には手をつけなかった。走るだけでも車両の放熱によってトンネルの温度は上がるのに、クーラーの放熱まで加わっては大変なことになる。それより列車の入れものである駅とトンネルを涼しくすれば、車内にも冷たい風が入るというのが営団側の理屈だった。当時、電車冷房は普及していたが、東京だけでなく、大阪、名古屋などの地下鉄も車両冷房は見送っていて、乗客の間では地下鉄は暑いものというのが常識になっていた。

だが、１９７７（昭和52）年に開業した神戸市営地下鉄は冷房車を走らせ、５日後に開通した名古屋市営鶴舞線がそれに続く。神戸市営と名古屋市営は放熱量の少ない「サイリスタチョッパ車」を採用しており、両社の技術関係者は熱の心配はいらないと説明した。実は営団でもすでにサイリスタチョッパ車を開発していたが、営団の技術者は、熱が少なくても長い間では積もり積もって泣きを見ることになると、あくまで駅とトンネル冷房にこだわった。

だが、営団の思惑に反して地下鉄業界での冷房化は進み、１９８７（昭和62）年時点の冷房率は京都、神戸、福岡が１００パーセント、横浜54パーセント、名古屋41パーセント、大阪24パーセントまで上がっていた。

そして、とうとう１９８７年7月15日、まず都営が相互乗り入れする私鉄の冷房車のクーラーを切らないというかたちで冷房化に着手する。営団も、1988（昭和63）年から冷房化に踏み切ることを発表。当時の広報課長は、駅冷房、トンネル冷房が進んで全体効果が上がってきたから、車両冷房に手をつけるのだと強調したという。

バラエティに富んだ列車が走る浅草線が開業日に走らせた意外な列車とは？

都営としてはもっとも古い地下鉄である浅草線。最初の押上〜浅草橋間が開通したのは1960（昭和35）年12月4日のことだ。計画段階から京成、京急との乗り入れを予定していたのが当時としては画期的で、これが郊外電車の地下鉄乗り入れ第1号にあたる。その時、2社との話し合いの結果、標準軌、架空線方式の18メートル車が導入された。

浅草線の車両そのものは5300系に統一されているが、この路線では実にさまざまな車両を目にすることができると、鉄道ファンの間では好評だ。現在乗り入れているのは、京成、京急の他に北総開発鉄道、都市基盤整備公団の全部で4社。車体の色も、赤、ブルー、クリーム、シルバー（ステンレスむき出し）と多彩で、行き先も「成田空港」「印西《いんざい》牧の原」「三崎口」とバラエティに富んでいる。かと思えば都心の地下鉄なのに向かい合わせボックスの車両が現われたり、羽田・成田の2大空港の間を猛スピードで駆け抜ける特急がホームをかすめたりして、まさに「電車のるつぼ」といえる状態なのだ。

そんな浅草線に残る、開業時のちょっとお間抜けなエピソードがひとつ。記念すべき最初の都営線としてスタートの日、工事の不手際から陸運局の許可が下りず、「半日遅れの〝開通〟」（同日の産経新聞夕刊）になってしまったのだ。なんと浅草駅の入口階段が始発の走るまでに完成せず、かといってダイヤを乱すわけにもいかないので、しかたなく浅草橋午後2時43分発の押上行きまで、お客を乗せないカラ電車を走らせたのである。いくらいろいろな列車が走ることで有名な浅草線でも、お客のいない電車が走ったのはこの時だけだろう。

今より、もっと大らかだった時代の話である。

意外にも応募者殺到で関係者悲鳴！営団禁煙1周年記念灰皿プレゼント

現在では終日禁煙が当たり前になっている営団地下鉄の各駅。といっても、現在のようなルールになったのは1988（昭和63）年のことで、以前は狭い地下のホームでも、みんなけっこうスパスパ吸っていたのだ。それを終日禁煙実施の20年前から、朝夕ラッシュ時に限り禁煙にし、その後、今日のかたちへと落ち着いたわけだ。

地下鉄の利用者の多くは、通勤・通学する人だから禁煙の環境には慣れていて、スムーズに禁煙が受け入れられたという説もある。いきなりにではなく、徐々に段階を踏んで禁煙。したくても禁煙できなくて悩んでいる人には、ヒントになる事実かもしれない。それでも、ＪＲのように喫煙所を設けてもいいのでは、という意見もないではないが、待ち時間の短い地下鉄ではその必要もなさそうだ。

ところで、禁煙実施前に使っていた灰皿はどうなったのか。

関係者によると、古いものは廃品回収業者が引き取っていったが、新品も多くて最初はそのまま倉庫で眠っていたという。１９８９（平成元）年1月18日朝、禁煙１周年を記念して、１２０個限定で「無料で差し上げます」というパンフレットを出したところ、希望者が殺到し、25日まで受付のところ午後3時過ぎには全部が予約済みになり、関係者は申し込み電話を断わったりパンフレットを引っ込めたりでおおわらわだったそうだ。

割と大きいものなので、会社や公共施設にと思っていたところ、ほとんどが花瓶に使うなどという個人客だったという。

山手線のライバル！　大江戸線が「歩いたほうが速い」といわれるわけ

２０００（平成12）年12月12日に全線一斉開通した都営地下鉄12号大江戸線。６の字型にほぼ環状の路線である。山手線内の「陸の孤島」といわれていた麻布十番や新宿区若松町なども通り、「山手線のライバル！」ともてはやされてさっそうと登場した。

だが、その割には利用者からの不満の声も多く、実際の利用客は予想を下回っている。その上、「乗るより歩いたほうが速い」などという人までいるのだ。

12号という番号が示すように他の路線ができてから掘った大江戸線は、地下の下水道などライフラインの下を通さなければならなかった。このためホームは全体的に深いところにあり、特に深い六本木駅などは７階建てビルに相当する地下42メートルにもなる。

これに対応して各駅に地上とホームを結ぶエレベータを用意しているが、それでもホームにたどり着くまでに相当の時間がかかることには変わりがない。場合によると乗っている時間よりホームとの移動時間のほうが長いなんてこともあるぐらいだ。都

ユニークなネーミングで、何かと話題の多い都営地下鉄大江戸線

の試算では大江戸線の開通で通勤・通学客の移動時間は平均4分短縮するということだったが、どうもそうはいかなかったようだ。

実際に大江戸線の入口から出口までの移動を含めて、乗るのと歩くのとどっちが速いか調べた人もいる。その結果は、飯田橋～牛込神楽坂《うしごめかぐらざか》間は大江戸線約15分対徒歩約11分、牛込柳町～若松河田間では同約12分対約7分などいくつかの路線で歩きが地下鉄に勝ち、大江戸線の圧勝だったのは東新宿～新宿西口間で8分差をつけたくらいだったという。

さすがに、路線を1周すれば歩きには負けないだろう。それでも、自転車なら勝てるんじゃないかなんていう声もある。

決定前に知事の一声で逆転!?　大江戸線は「東京環状線」愛称「ゆめもぐら」だった

さて、その大江戸線。気になるのは、主要な駅名などを冠した都内の地下鉄の中では、一際異彩を放ったネーミングだ。しかしこの名称、誕生まではすっきりといかなかった。

都営地下鉄12号線、後の大江戸線の名称は、開通前年の１９９９（平成11）年８月から一般公募を開始。計３万１４９７件の応募があり、プロ野球セ・リーグ高原須美子会長（当時）を委員長、マンガ家のやくみつる氏ら12人の選考委員がこれを検討し、同年11月29日にはすでに推薦する名称を決定していた。正式名称は「東京環状線」、愛称として「ゆめもぐら」である。

だが、これに怒ったのが石原慎太郎知事だ。知事は、環状線というのは山手線のようにグルグル同じところを回るものをいうと主張。６の字状になった12号線は環状線ではないからダメだと前々からいっていたのに、都交通局が委員会をきちんとリードしなかったとまくしたてた。その上、委員会の選考で上位になった「大江戸線」はいいじゃないか、「メトロリンク」でもいい、と代案まで出すほどである。あわてた交通局は委員会に陳謝し、知事の案がそのまま通ったというわけだ。

たしかに、6の字状の12号線を東京環状線と名づけることに反対した委員もいたというが、使い慣れてくれば大丈夫という意見にまとまっていたそうだ。また、厳密には、知事のいうのは「循環」のことで、「環状」は12号線と矛盾しないという専門家もいる。

いずれにせよ、石原知事のツルの一声で決まってしまった感じの大江戸線。捕物帳じゃあるまいしあまりにレトロだとか、光が丘のどこが大江戸なんだとかの批判も渦巻いた。乗ってみるとホームが深過ぎて行き来に時間がかかるなど、こちらも評判の良くない12号線。名前ぐらいはすっきりと、せめて愛称にかわいい「ゆめもぐら」くらいは残しておいてほしかったが……。

列車なし乗務員なしで、レールと駅とトンネルだけ!? 謎の神戸高速鉄道とは

1968(昭和43)年開業の神戸高速鉄道。変わった会社で、トンネルと線路と駅はあるが、列車と乗務員はいない。じゃあいったい何が走っているんだというと、阪急電鉄、阪神電鉄、山陽電鉄、神戸電鉄という4つの私鉄の列車だ。神戸高速鉄道の

正体は、４つの私鉄をつなぐために神戸市がつくった第3セクターである。

　大都市神戸にはかつて地下鉄がなかった。かといって私鉄4社だけでは市内の地下に鉄道を通すことは費用面で無理なので、市と4社が出資してつくった会社なのだ。西の山陽西代駅と東の阪急三宮駅を結ぶ５・７キロと、中間の高速神戸駅から阪神元町駅を結ぶ１・５キロで合計７・２キロの東西線と、神戸電鉄湊川駅から東西線の新開地駅までの０・４キロを結ぶ南北線がある。

　こんな接続が可能になったのは、阪急、阪神、山陽の３つの路線が軌間１４３５ミリ（４フィート８・５インチ）、架空線方式で車両も19メートル級と規格が揃っていたからだ。ただし電圧は違っていたので、６００ボルトだった阪急と阪神は山陽に合わせて開業時に１５００ボルトに上げている。

　乗り入れはどうするのかというと、普通なら他社線との接続駅で乗務員が乗り換えて車両だけ乗り入れるのだが、神戸高速鉄道には乗務員がいないため、そのまま車両と一緒に乗務員まで乗り入れるのもおもしろい。

　運賃も工夫がされている。各社の分を足すと並走するＪＲにくらべても割高になってしまうので、特定区運賃という扱いで割り引いている。そして、神戸高速線内の運賃はいったん4社の収入としてしまい、各社経費を差し引いた分を線路使用料と業務委託費として神戸高速鉄道に支払うというしくみだ。

ところで、全区間地下の神戸高速は、鉄道の分類では地下鉄ではない。地下鉄に分類されるには、建設時に地下鉄補助金が支給されなければならず、そうでない神戸高速は「地上を走る鉄道が一部区間地下を走る」という扱いになっているというから、ますます変わった鉄道会社だ。

斬新と評判の営団地下鉄職員の制服 帽子は仏ド・ゴール大統領愛用モデル!?

1991（平成3）年11月にデビューした営団地下鉄職員の制服。車掌クラスにあたる一般職のそれは、「斬新」とか「ヘン」とか賛否両論の声が渦巻く中、すでに10年以上が経ち定着している。

従来、鉄道の制服は仕事着としての意味合いが強く、機能性第一で地味なのが普通。当然、カラーはグレーや紺など、いわゆるサラリーマンのスーツのような「どぶねずみカラー」が主流だった。初めから汚れた感じの色の上、だぶだぶした独特のスタイルだ。一方、ホテルのドアマンや、航空会社のスチュワーデスのような接客サービス業の制服は、性格上デザインやカラーに工夫を凝らすのが常識といえる。その点で現行の営団の制服は、接客サービス業としてのアイデンティティを示した、日本の鉄道業界では画期的な例といえなくもない。

　チャコールグレーのズボンに、黄緑をくすませたような派手な「オリーブ・グリーン（海松《みる》色）」の、襟開きが狭い3つボタンの上着。雨蛙のようだという声もなくはないが、とにかくこれまでとはずいぶん違うのは確かだろう。

　そして、頭の上には黒い円筒形の箱が。これはフランスのド・ゴール元大統領が愛用したものと同じデザインの「ド・ゴール帽」というのだそうだ。当初、社内での人気はイマイチだったというが、これまた斬新ではある。

　デザインを担当したのは、西武百貨店の制服を担当した森孝行氏。アドバイザーとして加わったのはアイビーファッションで有名な石津謙介氏と豪華な顔ぶれで、営団のこのデザインにかけた並々ならぬ意欲のほどがよくわかるだろう。

　何はともあれ、乗客より目立つと評判のこの制服もすっかり見慣れた感がある。構内で駅員が見つからないということもないし、機能的だといえるのかもしれない。

ところ違えばおもしろさも違う
世界の鉄道あれこれ

日本の新幹線を丸ごと輸入する台湾式新幹線

日本の鉄道と台湾の鉄道の関係は深い。１９５５年に日本からディーゼル機関車や客車を輸入した台湾では、基隆～台北～高雄間を皮切りに蒸気機関車からの移行が始まった。しかし、１９７１年に日本との国交がなくなると、そのとき計画段階であった基雄～高雄間の電化工事から日本は外され、欧米が受注することになった。

袂を分かったかにみえた日本と台湾の鉄道であったが、21世紀に入り転機が訪れた。２００５年開業予定の台北～高雄間の高速鉄路が日本の新幹線方式で運行することになったのである。しかも台湾側は車両だけでなく、建設や運行システムなどを丸ごと日本に発注したのだ。

これまで世界の高速列車の中で、唯一「動力分散式」を採用してきた日本の新幹線が台湾を走ることになるのである。過去に地下鉄などの受注の例はあるものの、高速鉄道では世界初の快挙になる。輝かしい歴史をもつ日本の新幹線に、またひとつ新たなページが刻まれることになりそうだ。

第4章

車両よりユニーク!?

駅にまつわる疑問を解明！

中央線神田・御茶ノ水間には大正時代、大賑わいの駅があった!?

中央線に乗り、東京駅を出て横側を見ていると、神田駅と御茶ノ水駅の間にホームのような長いものがある。これは１９１２（明治45）年から１９４３（昭和18）年まであった万世橋駅のホームの跡なのだ。

『千代田区史』に「千代田区内諸駅のうち、もっとも盛衰の激しかったのは万世橋駅であろう」とある。江戸時代のこの場所は、八方ヶ辻という交通の要衝。そこで新宿～八王子間を走っていた甲武鉄道（現在の中央線）は、都心に乗り入れる時の目標をこの万世橋に置いた。起点・終着駅として建設された駅舎は、東京駅と同じく辰野金吾の設計したもの。オランダの旧ハーグ中央駅のルネッサンススタイルを取り入れた、赤レンガの風格あふれる建物である。２階には３つの食堂とバー、駅前広場には日露戦争で有名な広瀬中佐と杉野兵曹長の銅像があった。ただし、駅名の由来である神田川にかかる万世橋そのものは、駅の建造にともない撤去されている。

だがその後、「国有鉄道法」の布告で、１９１９（大正8）年に中央線の起点の座を東京駅に奪われる。それからの万世橋駅にいいことはなく、１９２３（大正12）年の関東大震災で建物を全館焼失してしまう。それでもレンガは残っていたので、応急復旧で１９３５（昭和10）年まで駅舎は使われたが、鉄道博物館の建設工事のために取り壊された。そして万世橋駅そのものも、神田〜上野間の開通で利用価値はほとんどなくなり、戦時下の合理化運動で１９４３（昭和18）年に廃止されている。

現在この場所にあるのは、旧駅舎が取り壊された跡にできた交通博物館。昔ながらの赤レンガの高架の下に突き出たユニークな展示法の新幹線の他、館内には手で触れられる展示品がずらりと並び、大正時代ほどとはいかないまでも、たくさんの子どもたちや鉄道ファンで賑わっている。

入口専用、出口専用のドームを備えていた開業当初の東京駅

東京駅が開業したのは１９１４（大正３）年。東京の中心に、東海道、東北、中央の各線を連結する「中央停車場＝セントラルステーション」を建設する構想は、実は明治中期からあった。このプランを具体化したのは「大風呂敷」の異名をとった当時の鉄道院総裁、後藤新平で、日露戦争の勝利を記念してのことである。

それまで「三菱が原」と呼ばれていた荒地に全長４４５メートル、建坪３０００坪、

73万人の人員と280万円の費用をかけた大建築で、これを設計したのは日本銀行も手がけた辰野金吾。中央にひとつ、左右対称にひとつずつで3つのドームを配した均整のとれたプロポーションは、見事というほかない。赤レンガに白い石でにぎやかにデコレートする技法は「クイーンアン」と呼ばれるイギリス式建築を取り入れたものといわれ、やはり鉄道発祥の地イギリスの影響は大きかったようだ。全体のスタイルはオランダのアムステルダム駅を参考にしたともいわれている。

左右のドームは太平洋戦争の空襲で失われ、中央のドームも屋根の部分がなくなり、直線的に復元されている。このドーム、当初はユニークな使い方をしていたようだ。中央は皇室専用の出入口。そして向かって右側が一般人の入口専用、左が出口専用だった。特別な事情がない限り、駅のような公共の場で入口と出口をわけても、不便なだけだろう。いったい何のための専用口だったのかは謎である。

ところで大きさこそ違うが、東京駅そっくりの駅舎が国内にあるのをご存知だろうか。1996（平成8）年に改築された高崎線深谷駅は、当地産のレンガが東京駅に使われたことから、レンガの町をアピールしようと東京駅そっくりの駅舎をつくって話題を呼んだ。ただし、建築法の問題もあって、純粋なレンガ造りではなく、レンガ調のタイル張り鉄筋コンクリートなのが残念なところではあるが。

目指せ「日本一長い名前の駅」！ 話題づくりに必死のローカル線命名戦争

今、駅名をめぐってホットな争いが繰り広げられている。テーマは「日本一長い名前の駅」。驚くことなかれ、平成になってから3回もトップが交代するデッドヒートが展開中なのだ。

まずは昭和時代の話。1988（昭和63）年7月1日開業の阿武隈急行線「やながわ希望の森公園前」が、11文字16音で首位の座についたあたりが発端だった。当初この駅は「森林公園前」駅になる予定だったが、この駅がある福島県伊達郡梁川町に「何でも一番」という企画があり、どうせなら日本一長い名前をと再検討。公園そのものにも特に名前はなかったが、わざわざ「やながわ希望の森公園」という名前までつけて日本一になった。それにしても、駅のために公園にまで名前をつけるというのは本末転倒ではないのだろうか。

続いて1990（平成2）年11月18日、鹿島臨海鉄道の「長者ヶ浜潮騒《しおさい》はまなす公園前」駅が、13文字22音で首位の座を奪取する。

だが、このトップは2年も続かず、1992（平成4）年4月1日に開業した南阿蘇鉄道の「南阿蘇水の生まれる里白水高原」にその座を明け渡す。こちらはひらがなら22音で同じでも、漢字混じりで1文字多い。名水の里としてアピールしようというもので、近くには環境省の「名水百選」に選ばれた白川水源がある。南阿蘇鉄道には、他にも「阿蘇下田城ふれあい温泉」駅というやはり長い名前の、構内に温泉の引かれた駅もある。話題づくりに必死のローカル線の経営事情がよくわかるだろう。

しかし、白水高原もすでにトップではない。2001（平成13）年4月、松江市の湖北芸術文化村のオープンに合わせ、一畑電気鉄道の古江駅が「ルイス・C・ティファニー庭園美術館前」駅と改名した。ひらがなで23字、白水高原より1文字長く、新しい日本一だ。だが、これに白水高原側もクレームをつける。内容は「C」は「シー」と2文字に数えるのではなく1文字ではないかというものだったそうだが、これはへりくつのようなもの。現在では、素直に負けを認めて引き下がったという。

世界最長名駅はイギリス、ウェールズに最短の駅は何と日本にあった!?

では、世界最長の名前を持つ駅はというと、イギリスのウェールズ地方にあるイギリス国鉄の小駅。名前はウェールズ語で、「Llanfairpwllgwyngyllgogerychwyrndrobwllllantysiliogogogoch」とアルファベットで58文字にもなる。あまりに長いので、普通は略称「Llanfair.P.G」が使われているぐらいだ。子音が多く、カナでは表せないような発音も多いウェールズ語だが、あえてカタカナで表記すると「ランバイヤプフクインギルハゴーガレフウィンドロップブクスラントリトシリオゴゴゴッホ」。意味は「早瀬の渦巻きに近く、赤い洞穴付近の聖ティシリオ教会に近い白いハシバミの中のくぼ地にある聖メリー教会」といったところ。場所は、ロンドン、ユーストン駅から北上し、クルーから分岐してウェールズ北部を進む。そこでアイルランドに向かうフェリーに接続する、路線上の駅だ。

逆に、もっとも短い名前の駅はどこか。これは何を基準とするかで変わってくるが、文字数ではJR東海の「津」など日本国内のいくつかの駅や、中国浜州線の「宋」など、漢字を使っている国では1文字の駅も少なくない。だが、「宋」の読み方は「ソン」。この点では「津＝ツ」のほうが短い。

ただし、「津」を日本でよく使うヘボン式ローマ字で「Tsu」と書くと、ヨーロッパに強敵が出現する。スイス南部のロカルノと、イタリアのドモドッソラを結んでいる国際私鉄チェントバリ鉄道の「Re」駅で、読み方は「レ」だ。しかし、ローマ字では「津」を「Tu」と書いても間違いではないから引き分けともいえる。ここは世界一の座のために、津駅には「Tu」と書いてもらうのが一番か。

最長のホームは564メートルの京都駅だが、もっと長く感じられるホームがある？

日本最長のホームといわれているのはJR京都駅の一番線。長さは564メートルで、西村京太郎の小説『ミステリー列車が消えた』にも「JR一の長さで、鉄道ファンには有名」と紹介されている。

ただしこれは京都駅のホームが、新幹線と近鉄線を除いてひとつの地平になっているというトリックがある。1番線は段差なしに切り込み式の30番線と31番線につながっており、そこまで含めての長さなのだ。だから、ひとつのホームで長さ564メートルというと、それは違うという人もいるかもしれない。

その是非はともかくとして、こうした理由から京都駅のホームの長さというのが実際には体感しにくいのも事実。一方、長さは京都駅ほどではないが、乗客にとってはそれ以上に「長く感じられる」ホームもある。JR横須賀線の北鎌倉駅のホームだ。

鎌倉観光の出発点といえる北鎌倉駅の出口は、下り方面よりに1ヶ所あるだけ。上りと下りのホームは分かれていて、特に下りホームはかなり狭い。だから東京方面からの行楽客が押し寄せると、人があふれてなかなか出口にたどり着けないのだ。1両約20メートル、15両編成だから出口から見て最後方は300メートルも離れている。休日に東京寄り最後尾から歩くとすると、前の電車で降りた客がまだ出口付近に残っている状態で、歩きの大渋滞に巻き込まれてしまう。車は混むからと電車を選んだのにこれでは何にもならない。気の短い人は休日にはこの駅で降りないほうが無難だ。

他にホームそのものではないが、長いといえば、JR武蔵野線の新三郷《しんみさと》駅も長かった。かつてここの上りと下りのホームは300メートル以上離れている上、それをつなぐのは1本の高架橋だけという状況で、特に冬場は寒くてたまらないと住民の評判は最悪だったのだ。幸い1999（平成11）年に改良されたが、地元住民はともかく、「名所」を惜しむ声が鉄道ファンからまったく出ていないわけでもない。

青函トンネル内のふたつの駅は乗り降りすることも可能!?

北海道と本州を結ぶ青函トンネル。長さ53・85キロと世界最長のトンネルだ。中にはふたつの駅まである。駅の名前は「竜飛海底《たっぴかいてい》」と「吉岡海底《よしおかかいてい》」。位置は北海道側の入口から見て竜飛が41キロ、吉岡が18キロのところだ。そもそもこのふたつの駅は、

青森県寄りにある竜飛海底駅に差しかかる快速「海峡」

工事の時に最初に掘られたタテ穴の名残なのだという。

それにしても、まさか魚が乗り降りするわけではなし、どうして海底に駅があるのか。実はこの駅の役割はふたつある。

ひとつは、避難用のスペース。青函トンネルのような長いトンネルでは、万一トンネル内で火災など起きた時に逃げ込める場所が必要になる。そんな時のために備えた場所というわけだ。

もうひとつは、見学というかたちでの一般公開。海面下約150メートルのふたつの駅の構内は、青函トンネルの愛称「ゾーン539」の「竜飛海底ワールド」と「吉岡海底ワールド」として見学コースが設けられている。内容は、構造が一目でわかるジオラマや周辺の魚を集めた「竜宮水族館」、工事を再現した「体験坑道」など。見学所要時間1時間から1時間半ほどで、トンネル内を歩いたり触ってみたりできる。

ちなみに「ゾーン539」とは、トンネルの長さを繰り上げた数字がその由来。いくら避難用といっても、年に1度の訓練の時だけしか使わないのでは心細い。こうした一般公開で人がいつも行き来していたほうが、非常用としても安心でもある。

なお、このふたつの駅に降りて見学するには、乗車券とは別に専用の切符「ゾーン539カード」を買って、見学専用車両つきの快速「海峡」に乗ることが必要。竜飛2040円、吉岡840円（ともに子どもは半額）と竜飛のほうが高いのは、「青函トンネル記念博物館」の入場料が含まれているからだ。

最高所の駅は小海線野辺山駅だが、最低所駅はノミネートが多数ある？

もっとも高いところにある駅と、反対に低いところにある駅はどこか。

鉄道最高所の駅は、JR小海線の野辺山駅。ホームと駅前に「標高一三四五・六七米」と大書きされた巨大な白い標識があり、記念撮影をする人も多い。また、鉄道最高点も、この野辺山駅から南西へ3キロ行った清里駅の手前にあり、標高は1375

メートル。ここでも車で来て記念撮影する人がけっこういる。

なお、高地を走るためのケーブルカーやロープウェーも「鉄道」に分類されるため、野辺山駅より高いという扱いになる駅も実は多い。その最高所の駅は、海抜２６１２メートルにある駒ヶ根ロープウェーの千畳敷駅になる。

では、逆にもっとも低い駅となると、これにはいくつも候補が出てきてしまう。まず、単純に数字だけを見ると最も低いのは、青函トンネル内にあるＪＲ津軽海峡線の吉岡海底駅で海面下１４９・５メートル。ただし、この駅は通常では乗り降りができず一般の駅とはいえない。そこで、ＪＲの一般の駅で最も低い駅はというと、これは海抜マイナス30・58メートルという総武快速線の地下駅馬喰町《ばくろちょう》駅になる。

もちろんＪＲに限らないとなると、東京都営地下鉄大江戸線六本木駅の7階建てビルに相当する地下42メートルをはじめ、低いところの駅は地下鉄ならたくさんある。それなら地上にある駅でもっとも低いのはというと、ＪＲ関西本線の弥富駅がそうだ。海抜はマイナス０・93メートル。このことを書いた看板がホームにあり、野辺山駅ほどではないにしても、記念撮影をする人もけっこういる。地上の駅なのに海抜がマイナスとは不思議に思うかもしれないが、これはこの駅周辺が地盤沈下で生まれたゼロメートル地帯だからだ。

駅名は都立大学、学芸大学、女子大でもどこにも大学なんかない!?

大学の名前がついた駅名は少なくない。

首都圏では、東急田園都市線に駒沢大学、東横線の学芸大学、都立大学、小田急線には成城学園前、玉川学園前、西武多摩湖線の一橋学園、京王線の明大前、井の頭線には駒場東大前など。これらはみな私鉄だが、ＪＲにも東北本線の自治医大、越後線に新潟大学前、鹿児島本線には九産大前、日豊本線の別府大学など、数え上げてみるとかなりの数だ。

これらの駅名は学校がどこにあるかがわかって便利だが、中には大学は移転してしまってすでになく、駅名だけが残っているものもある。たかが駅名くらいとばかにはできない。時には地方から来た受験生が、間違って試験を受けに行ってしまうというトラブルも起こっているのだ。

例えば学芸大学駅。すでに30年以上前に小金井市に移転しているのだが、駅名は地元に根づいているということでそのままになっている。となりの都立大学もやはり、大学は１９９１（平成３）年に京王相模原線の南大沢駅周辺に移ってしまっている。

南大沢駅周辺の住民や都立大学の学生から名前を譲ってほしいという申し出もあったが、東急側は地元に親しまれた名前なのでと断わったそうだ。他にも、西武新宿線の駅名になっている都立家政が移転した跡地は都立高校になっている。

中には、1度も大学があったことのない駅もあるというから驚きだ。千葉県佐倉市のユーカリが丘線は、ニュータウン内の虫メガネのようなかたちをした路線をグルグルと回る新交通システム。それだけに「中学校」「公園」など地元だけでしか通じないような駅名が多いが、その中に「女子大」という名の駅がある。実はこの駅名、1982(昭和57)年の開通時に、和洋女子大の移転計画があったことでつけられた。駅の北側に約2万坪の用地も用意されたが、その後バブル経済が崩壊したため計画は白紙に戻され、駅名だけが残ってしまうという結果になっている。

山男たちのきつ過ぎる準備運動？上越線土合駅全486段の長階段

夏になると谷川岳に向かう山男たちで賑わう、群馬県利根郡水上町の上越線土合《どあい》駅。東京から登山に向かった場合、彼らを準備運動代わりに迎えるのは長い長い駅構内の階段だ。長さは338メートル全462段。それを登りきるとさらに、143メートル24段の連絡通路がある。土合駅は全長13・5キロという日本で7番目に長い新清水トンネルの途中につくられた駅とはいえ、上り線のホームは地上にある。なぜこのような変わった構造になったのだろうか。

川端康成『雪国』に出てくる「国境の長いトンネル」清水トンネルが掘られたのは1922（大正11）年からの9年間。その後複線化のために新清水トンネルが掘られたのは1963（昭和38）年からと40年以上も後の時代のことだ。

この新しい清水トンネルは古いほうより3788メートルも長く、ずっと深いところを通っているため、土合駅の地点で旧線と新線の高さの差は82メートルにもなっている。しかも、ぐるっとループを描いて地上に出る旧線に対して、新清水は土合駅まで地下を通る直線ルート。距離的にも、約460メートル離れている。そして旧国鉄では、下り列車から見ると急勾配になる、旧トンネルのほうを上り線にした。こんなわけで、下り線のホームは82メートル深いトンネル内にするしかなく、こんな階段ができてしまったわけだ。

山で鍛えた人ならこんな階段くらい朝飯前かもしれないが、それにしても出口までの階段は長い。勾配は約14度。改札口までは約10分かかる。階段の左端にはナンバーがふってあり、その数をはげみにフーフーいいながら登っていくと、ちょうど中間に踊り場があって休憩用のベンチまで設置してある。

メインの斜路はエスカレーターの設置の可能性を考えて幅は4メートルあるが、脇にちょろちょろと清水が流れていて照明も暗く、登山シーズンでないと人もほとんどいないから、ぞっとするのが好きな人や体力に自信のある人はぜひ挑戦するといいだろう。

平安京の真ん中にある旧二条駅平安神宮じゃなく宇都宮駅がオリジナル!?

1997（平成9）年に現役を引退したばかりの山陰本線、旧二条駅。現在では移転し、蒸気機関車が置かれた博物館になっている。

旧二条駅は、1904（明治37）年に京都～園部間を走っていた京都鉄道の本社として建てられた。駅の鼻先を南北に走る千本通りが、平安京における中央大通りの朱雀大路だったから、ここより西が右京、東が左京ということになる。つまり二条駅のあった場所は、平安京の真ん中に位置するわけだ。

京都御所から天皇や皇族が乗車されることもあったので、ヒノキを存分に使った寺社風、純和風のデザインにし、貴賓室もあった。正面にはクラシックな車寄せ。かつ

建物だけがそっくり移転した旧二条駅舎（現梅小路蒸気機関車館）

て京都鉄道の本社があった2階は講堂のようにスペースをとって屋根の上には鴟尾を乗せ、鬼瓦には京都鉄道の社紋が残されている。待合室は、格子天井にエンタシスのふくらみを持つ柱が3本1列に並び、外壁も漆喰が木調に映えていて見事だ。

二条駅はこのように、山陰本線にとって無視のできない由緒正しい駅なので、京都駅から4・2キロという距離ながら、新駅もほとんどすべての特急が停まっている。

さて、初代二条駅のデザインのオリジナルだが、1895（明治28）年に設計された平安神宮だといわれている。だが、これは事実ではないようだ。一説によると、京都鉄道の創立者田中源太郎が1902（明治35）年竣工の二代目宇都宮駅を見て気に入り、設計図を借りてきてこのようにやれと指示したものだという。実際、中央の車寄せ、入母屋の屋根、その上の鴟尾など共通する部分は多い。

京都鉄道は、路線を舞鶴まで申請していて、やがては大陸との貿易も計画していたが、経営の悪化で駅舎完成後、わずか2年で国有化されてしまった。

東照宮にあやかった、手を叩くと竜が鳴く「駅の鳴竜」があるクラシックな日光駅

JR日光線日光駅。1912（大正元）年に完成した関東を代表する洋館駅舎である。当時からこの日光を訪れることの多かった外国人観光客を意識したものだという。そのため、皇族や外国からの賓客を迎えるための貴賓室や、一等特別待合室などゴージャスな設備も多い。

同時期にできた門司港駅や2代目博多駅などと同じように、複雑な屋根回りの装飾的な外観。背の高い木造2階建ての正面には、半円形の窓が並んで上品な感じを与え、厚みのある軒や垂直に並んだハーフティンバーの柱が、白壁に絶妙の映えを見せている。屋根に並んだドーマー窓や明治スタイルのモダンな外灯など、雰囲気満点の小物にもことかかない。

東照宮にあやかっているのが、正面玄関に大きくせり出した車寄せ。東照宮本地堂には「鳴竜《なきりゅう》」があるが、この車寄せの格子天井の中央にも「駅の鳴竜」が描かれている。絵の下で手を叩くと竜が鳴くというギミックもそっくりそのままで、観光地の駅らしい演出といえるだろう。

事務所棟には、大正天皇が日光田母沢御用邸を訪れる時に使った貴賓室が、往時のまま残され希望者には公開もされている。白大理石のガス暖炉、鋳鉄の電気ストーブ、ふんだんなドレープのついた窓枠。華やかな大正ロマンの空気が伝わってくるようだ。豪華なシャンデリアがついた2階の一等特別待合室は多目的に使え、ダンスの講習会や絵の展覧会などに時おり利用されているという。

日本初の重要文化財駅舎を持つ門司港駅 ゴージャスの裏のもうひとつの日本初とは？

駅舎としては、日本で初めて重要文化財の指定を受けた鹿児島本線門司《もじ》港駅。1942（昭和17）年の関門トンネル開通までは、ここが「門司駅」の名前で、本州との連絡船の桟橋を眼前に望む、九州の玄関口だった。

トンネル開通後は玄関口の座と名前を現在の門司駅（当時の大里駅）に譲ったが、

今でも鹿児島本線の普通電車の多くはこの駅を発着駅にしているため、活気に満ちている。

完成は1914（大正3）年で東京駅と同じ。東京駅のような赤レンガではなく、木造で建てられたのは、すでにトンネルの計画があり、やがて玄関口は現在の門司駅になると予想されていたからだ。だが、結果として日本ではめずらしいほどヨーロッパ色の強い木造ターミナル駅として、未来に残されることになった。

総銅板張りの陰影深い屋根回り、重厚なファサードとデコレーションは荘厳かつ美麗。長距離客用に広いつくりの大理石の男女別洗面所や、今も水をたたえる真鍮製のトイレの手洗い鉢など、大正スタイルがそのままに残されているうえ、新しい1階コンコースの食堂、待合室、切符売り場なども建物全体にマッチしたつくりだ。

また、連絡船時代を思い起こさせる桟橋への地下道の一部や、2階の貴賓室、ホールは一般公開もされている。駅舎のモデルは、一般にはローマのテルミニ駅とされているが、実際は1909（明治42）年完成の2代目博多駅を模したものらしい。

駅舎の他に、門司港駅といえばバナナの叩き売りも有名だ。かつての連絡船通路の名物で、駅前通りには「発祥の地」の碑も建っているが、重要文化財指定には、この碑のアシストも多少はあったのかもしれない。

意外！　偉大！　駅名に名を残した人々は、いったい何をした？

駅名の由来はさまざまだが、中には人名からとったという駅もある。待合室に「日本で唯一の人名駅」と大きく書かれているのが、岡山県の伯備線方谷《ほうこく》駅。現在この駅は高梁《たかはし》市中井町西方にあるが、1928（昭和3）年の開業当時このあたりはまだ中井村といった。そこで駅名も「中井」とする予定だったのだが、住民は地元出身の備中松山藩の学者、山田方谷の名を残したいという運動を展開する。駅用地の半分が方谷旧宅や塾の跡だという事情もあったが、当時の鉄道省は、駅に人名をつけた例はないと受け付けようとしない。それでも住民は「方谷先生は『西方の谷』を号にしていたので人名ではなく土地の名だ」と主張。結局、実現して方谷駅になったという。

また、神奈川県を走る鶴見線の駅名には、大正時代に進められた付近の埋め立て工事の功労者の名前をとったものが多い。1926（大正15）年開業の浅野駅は浅野総一郎、大川駅は大川平三郎というふたりの姓をそのまま当てはめたもの。安善駅は安田善次郎の姓と名の1字ずつからとられた。6年後にできた駅のひとつは白石元次郎の白石をとることになったが「白石駅」は東北本線にすでにあったため、旧国名をつけて武蔵白石駅となった。これらのうちには、鶴見区の安善町、川崎区の白石町、大川町など地名もあり、駅名とどっちが古いのか気になるところだ。

次は、北海道の石北本線天幕駅。明治時代に線路調査をおこなった道庁の役人が、天幕三次郎という山男の小屋で世話になって感激し、駅の名にしたという。

同じく北海道の函館本線比羅夫駅も、7世紀に阿倍比羅夫が蝦夷を攻めたことにちなむなど、調べてみるとまだまだユニークな人名駅が出てくるかもしれない。

国分寺と立川の間だから「国立駅」首都圏有数の文教都市の市名に!?

首都圏でも有数の文教都市として知られる東京都国立市の中央線国立駅。国立大学の一橋大学があり、駅名もそれにちなんだもの、と思いきや、肝心の一橋大学が神田から移転してきたのは、国立駅ができた4年後の1930(昭和5)年だという。

1926(大正15)年に国立駅ができた理由は、中央線の国分寺〜立川間(西国分寺はまだなかった)が長過ぎたからだ。この2駅の間を埋めるため、国立駅は国分寺と立川に37年も遅れて開業している。そんなわけだからできた当時、このあたりはまだまだ畑の中。だからといっては国立駅に失礼だが、駅名も両隣の国分寺と立川から1字ずつもらった安易なものになったのだ。

新しいものでは埼玉と東京を結ぶ「埼京」線のように、このタイプのネーミングは路線名にこそよくあるが、駅名ではめずらしい。そして、後には市名までもが「国立」になる。駅名のほうが市名より先、というのもまれなケースだ。

ところで国立はどうして文教都市になったのか。功労者は、西武鉄道を一代で築いた堤康次郎である。堤が一大学園都市を計画し、資金を投入してつくられたのが今の国立市なのだ。彼の誘致によって一橋大学が移転し、その後、多くの学校が集まってきた。ネーミングは安易でも、その後はどうなるかわからない、という見本のような駅周辺の変遷だ。

1勝だけでいいはずが準優勝、優勝！効果あり過ぎの一勝地駅入場券

熊本県球磨郡球磨村にあるＪＲ肥薩線の一勝地《いっしょうち》駅は、球磨川のほとりにある静かな無人駅。駅舎内には地元のＪＡが入っており、事務と切符売りをしている。一勝地という名は、鎌倉時代にこの地を統治した、一升内下野守《いっしょうないしもつけのかみ》という地頭の名に由来す

るものだそうだ。

その「一勝」という名にあやかって1980（昭和55）年夏から、「1勝だけでいい」という控えめな受験生のために入場券を発売するようになると、これが大ヒット。それまでは年間300枚ほどだった売上が1ヶ月で1000枚以上になってしまった。「必勝合格」「足を地につけ努力しまず一勝を」と書かれた特製のピンク色の袋に入れられ、「試合に出場される皆さん、受験される皆さん、私共職員一同皆様が目標達成されますよう心からお祈りします。一勝地駅職員一同」と書いた紙を同封して手渡される。なんでもこの入場券、近くにある一勝地阿蘇神社で、必勝合格祈願済みなのだという。

1980（昭和55）年には、夏の甲子園で1年生エースとして準優勝して人気者になった早稲田実業高の荒木大輔投手（後にヤクルト入り）がお守りに持っていたことでスポーツ新聞などで話題になり、同年の夏、横浜球場でおこなわれた第3回全国中学校軟式野球大会に出場した地元の帯山中ナインは、入場券を首に下げてゲームに臨むと優勝してしまった。「一勝」どころではなかったわけだ。

この一勝地駅入場券、最近では受験生やスポーツ選手の他にも、ギャンブルなどいろいろな勝負ごとでご利益にあずかろうとする人々にも人気らしい。

渋谷駅のシンボル忠犬ハチ公 初代銅像はなんと戦場に行った!?

渋谷駅のシンボルといえば、やはり忠犬ハチ公。待ち合わせ場所として、今も昔もその人気ぶりは変わらない。

映画にもなったから知らない人は少ないだろうが、ハチ公の物語を一応紹介しておく。秋田犬ハチ公の飼い主は、東京大学の上野博士。ハチ公は博士が出勤する時に渋谷駅まで見送りに来て、そのまま博士が駅に帰って来るまで待ち、一緒に家に帰るのが日課という犬だった。

だがある日、博士は外出先で亡くなってしまう。そうとは知らないハチ公は、渋谷駅で博士の帰りを待ち続け、そのうちに何と11年も経ってしまったという話だ。事情を知った駅員は、なんとかハチ公を帰そうとしたが、ハチ公はどうやっても帰ろうとはしなかったという。

駅員や乗客たちもハチ公にエサを与えていたが、博士を待ちながらとうとうハチ公は亡くなってしまった。悲しんだ人々が、この飼い主思いの名犬の姿を後世に残そうと銅像をつくったのが、１９３４（昭和９）年のことだった。

だが、ハチ公の話は知っていても、現在のハチ公像が2代目だということを知っている人は少ないだろう。現在の銅像は、実は戦後の1948（昭和23）年に再建されたものなのだ。

では、初代のハチ公像はどこに行ったのか。答えはなんと戦場である。

第二次世界大戦末期、敗色の濃かった日本は国家総動員法を制定し、家庭のナベやカマ、お寺の鐘まで徴集して飛行機や鉄砲をつくっていた。初代ハチ公銅像も例外ではなく、旧国鉄浜松工場でバラバラにされ、武器となって戦場に向かったのだ。ハチ公の他にも、全国で833体の銅像が同様の目にあったという。

ちなみに、ハチ公の遺骸は、剥製《はくせい》となって上野博物館に保存されている。

原宿駅。いつもの島型ホーム以外にめったに使わないふたつのホームがある!?

明治神宮、代々木公園、表参道、竹下通り。バラエティに富んだ風景の中、英国風ハーフティンバー式建築で、屋根にはおしゃれな塔がそびえ立つＪＲ山手線原宿駅の駅舎ができたのは1924（大正13）年である。現在より代々木寄りにあった1906（明治39）年開業の駅が、明治神宮の造営に伴って移動した際に建てられたものだ。

1997（平成9）年には、「関東の駅百選」にも選ばれている。

原宿駅でいつも使っているホームは、外回り・内回りとも同じ1本のホームの両端に停まるいわゆる「島式」。しかし、このいつものホームの他にも、実はふたつのホームがある。

ひとつは1年のうち、正月の初詣期間にのみ使用される「臨時ホーム」。期間限定の上、外回り電車だけが乗り入れているホームだ。このホームからは明治神宮内にしか出入りできない。普段こちらのドアは開かないから、神宮方面に用のある乗客は駅の外の神宮橋を渡り、並木に囲まれた参道を約5分も歩くという、かなりの遠回りをして乗り降りしている。

この緑の多い臨時ホームの背景は、都会の中とは思えないほど風情満点。駅名ボードの下には、神宮の森の一部を借景にし、「東京府南豊島郡原宿村」、つまり藁葺きの農家など駅開業時の情景をジオラマにしたものもある。このジオラマは、太陽電池で灯りがともり、泉の水も流れる実力派というから恐れ入る。

なお、もうひとつのホームは、代々木寄りに少し離れたところにある。こちらもめったに使われることはない皇室専用の「宮廷ホーム」。ここには「お召し列車」が入ってくる。

幅2・6メートルの島式ホームを特急が通過する、スリル満点の阪神春日野道駅

かつてあるテレビ番組で「日本一危険な駅」と紹介されたのは、兵庫県神戸市中央区の阪神電気鉄道春日野道駅。この駅、いったい何が危ないというのだろう。

春日野道駅のホームは、上下線で同じ1本のホームを使う「島式」なのだが、驚くなかれ、その幅がわずか2・6メートルしかないのだ。

これではまるで、島というより吊り橋のようなもの。特急電車が通過する時には左右を鉄の塊がゴーッと音を立てて走り抜け、地下線のトンネルの中に激しい突風が吹き荒れるから、利用者の多くはホームの真ん中にある柵につかまってじっと通過を待っている。それでも現在の特急は時速45キロまで減速しているからまだマシになったほうで、恐るべきことに以前はまったく減速していなかったという。

さて、ではどうしてこんなに狭いホームができたのか。まさかスリル大好き人間たちへのサービスということはないだろう。そのわけは、この駅の生い立ちにあった。

もともと地上にあった春日野道駅は、昭和初期に神戸駅〜岩屋駅間（現三宮駅〜岩屋駅間）が地下線化された時、実は廃止される予定だった。それが川崎製鉄関係の利

用者が多かったことから急遽地下に新駅が設けられることになったのだ。

だが、地下に新たにホームをつくるスペースはないし、かといって線路を狭くするわけにはいかない。やむを得ず通常の複線の間隔分２・６メートルに、この島式ホームをつくったのである。いかに昭和の初めとはいえ、おおらかを通り越して強引な話である。

とはいえ、かえってこれだけ危険なホームだと油断ができないのか、転落事故や接触事故はほとんど起きていないというからまた驚く。

結局、自分の身体は自分で守るのが一番、ということを証明しているような「日本一危険な駅」である。

地下鉄駅はＪＲ線より上の３階にある!? 渋谷駅で見られるちょっと奇妙な光景

地下鉄は地下を走るのだから、ＪＲ線などより下にある。もちろん普通はそうだが、何事にも例外はあるもの。東京には、地上を走るＪＲよりずっと高く、地上12・１メートルを走る地下鉄と駅があるのをご存知だろうか。

この常識破りの地下鉄は、営団銀座線で駅は渋谷駅。駅に近づくと電車は高く上り

渋谷駅の３階より発車する銀座線。車両はすぐに地下へと消えてゆく

始め、デパートの3階にある終点の渋谷駅へとたどり着く。初めて乗った人が、自分は地下鉄に乗ったはずだがと、駅員に確認したケースまであるぐらいだ。また、デパートの3階から地下鉄の電車が飛び出す光景は、地上から見ているとちょっとSFっぽい。

どうしてこんなことになったかというと、銀座線渋谷駅ができたのがJR山手線より遅いためだ。渋谷駅は東急百貨店にすっぽり包まれているかたちなので、後にできた地下鉄は地下に駅をつくるより、百貨店に直接入れる3階にしたほうが乗客も便利ではと配慮されたのだ。また、実際問題として、浅草・新橋方面で地下を走っていた銀座線は、渋谷の宮益坂に差しかかるあたりでそのまま下り勾配で地下に行くか、坂の内側から穴をうがつかたちで地上高くに出るかしなければならない。

そこで銀座線では車庫を置くこともあって地上を選んだという事情もある。しかも結果的に、山手線ホームの真上に位置できたので、乗客が乗り換えに大して移動しなくてもよくなった。

一方、もう１本渋谷を走っている営団地下鉄半蔵門線は、銀座線とは反対に、青山から地形に逆らわずに地下に降りていくほうを選んだ。一見、銀座線と半蔵門線の乗り換えは面倒に思えるが、銀座線は渋谷を出ると地下へと下りていって次の表参道駅では同じホームに並ぶ。これによって乗り換えもスムーズになるからうまくできている。

回転や傾斜は邪道!? ヨーロッパの座席事情

日本の列車では、背もたれが倒れるリクライニングシートや、座席が180度回転して向かい合わせに座ることができる回転シートは珍しいものではない。

日本の列車にリクライニングシートが採用されたのは、第二次大戦後。当時、強硬派で知られる連合軍総司令部民間運輸局（ＣＴＳ）ジャグノン中佐が、国鉄の担当者に、アメリカのカーペン社が特許を有するリクライニングシートの設計図を示し、外国人観光客受け入れのために使用せよ、と2等車への採用を勧告したのだ。皮肉にも悪名高い人物の強い要請により、リクライニングシートは早期実現されることになったわけだ。その後、日本独自の技術改良も進み、利用客の好評を得たのである。

一方、ヨーロッパの一等車などの座席は、シートというよりソファーに近いほど座り心地にこだわっている。そのため、固定式にくらべ乗り心地の劣る回転シートなどは、どんなに利便性に優れていようと「邪道」なのである。また、十分快適な座席にリクライニングなど必要なく、むしろ背もたれが倒れるソファーなど不自然と考えるようだ。

第5章

個性派揃いの地方の華

人気ローカル線の秘密に迫る

行き先不明の「ミステリー列車」第1号は70年前、参加者は盆栽村見学!?

行き先不明の「ミステリー列車」という企画はけっこうコンスタントにおこなわれている。その中には、アニメ人気に乗って70倍から80倍の高倍率で抽選にもなったという、１９７９（昭和54）年の「銀河鉄道９９９号」などヒット作も多い。日本初のミステリー列車はというと、１９３２（昭和７）年に走ったというから、もう70年も走っていることになる。

このアイディアのオリジナルは鉄道の母国イギリス。１９３２年3月25日にバジントン駅から１５００人の乗客を乗せて大成功をおさめた「ハイカース・ミステリー・エクスプレス」が最初だという。これをたまたま見学していた日本の新聞記者が東京鉄道の関係者に話したところ、当時の東鉄旅客掛長堀木鎌三氏の発案というかたちで、本家のわずか数ヶ月後には実現していた。これが東京日日新聞とのタイアップ「行先秘密?列車」だ。

なんと当日の6月12日には、乗務の機関士や車掌にも行き先は告げられなかったという徹底ぶり。広告もあって５００枚の切符は1時間でソールドアウトし、追加乗車券も30分で売り切れたというから大人気だったわけだ。

当日午前8時15分と23分、始発の新宿駅を青班、赤班が相次いで発車。池袋、赤羽を経由して大宮駅に到着した。そこで駅長以下の先導で、大宮公園を見学し、氷川神社参詣、盆栽村見学と続く。ここで大宮を出て東武鉄道線に乗り入れて清水公園駅に到着。宝探しをして昼食をとり、野田町に出てキッコーマンの醤油工場を見学する。それから国鉄柏駅に出て、常磐線金町駅から貨物線を利用して新小岩へ。いよいよ青班17時14分、赤班45分に終着駅両国へと到着した。

運転距離は99・3キロ、乗車人数776人、収入は922円80銭。出発時に遊覧地、終着駅を当てるクイズが実施され、両国という予想は82票あったという。

その夜、大成功に歓喜した宣伝主任が祝い酒に酔いつぶれ、ついに行き先は不明だったというオマケもついている。

無鉄道県沖縄には昭和の初めまでチンチン電車が走っていた!?

唯一鉄道のない県として知られる沖縄だが、かつては大正時代に開通した最初の鉄道の他、いくつかの路線があった。1年の間に、電車、汽車、馬車軌道と3種類の乗り物が立て続けに登場し、そのうちもっとも先に走ったのが電車というからおもしろい。沖縄で走った最初の電車とはどのようなものだったのだろう。

沖縄に電車を走らせる計画は、すでに明治時代に2度、東京資本で持ち上がっている。１８９６（明治29）年と１９０７（明治40）年で、どちらも同じ那覇〜首里間の計画だった。これは資金難や電気事業の遅れから実現しなかったが、その後京都の才賀電気商会の計画は、大正になってから実現に結びつく。

才賀電気商会の賀藤吉社長は地元有力者と関係を深め、明治の終わりには沖縄電気株式会社と沖縄電気軌道株式会社を創立。発電所と軌道の工事も始まった。しかしちょうどその頃、企業拡大に失敗し肝心な才賀電気商会の経営が破綻。電車もすでに到着していたが動く気配もなく、レールの上では子どもが遊んでいるというありさまだった。ようやく１９１４（大正３）年に久米の大門前〜首里間５・７キロが完成したものの、試運転中何度も脱線したり、架線とつながっているポールがつけ根から落ちるなど大失態の連続だった。当時の新聞を見ても、人々はあきれ気味で、あまり期待していなかったことがわかる。

それでも１９１４年5月3日、いよいよ久米の大門前〜首里間が営業開始。軌間１０６７ミリのチンチン電車がようやく走りだした。車両は木造で、全10両が新造されたという。

その後区間も久米の大門から通堂まで１・２キロが延長されるなど一時は賑わったが、やがて営業成績は思わしくなくなる。昭和に入ってバスの登場により、客足が遠のいたこともあり、ついに１９３２（昭和７）年10月には廃止になってしまった。

戦場になり、乗客の安全のため運行停止 赤字でなく戦争でなくなった沖縄の鉄道

現在はサトウキビを運ぶトロッコ列車以外の鉄道はないという沖縄県だが、かつてはちゃんと路線があり電車も走っていたというのは前述の通り。しかしそのうち、いくつかの路線がなくなった理由が赤字ではなく、戦争だというのも激戦の地となった沖縄だけの事情だろう。

沖縄には、１９４４（昭和19）年まで県営の「軽便鉄道」が３本あった。フォースターズという沖縄の４人姉妹が歌った沖縄の新しい民謡ヒット『軽便鉄道節』にも、その様子が歌われている。

当時走っていたのは、敷設１９１４（大正３）年12月の与那原線、同１９２２（大正11）年３月の嘉手納線、同１９２３（大正12）年７月の糸満線で、連絡線などを除

いた全営業距離は約46・8キロとなっている。沖縄県全線の正確なキロ数の記録は残っていない。

これらは生活路線として利用されていたが、戦場となった１９４４（昭和19）年３月、乗客の安全を考えて運行停止になった。その後降りそそぐ弾丸や爆弾で、レールも破壊されてしまう。これらの中にはアメリカ軍基地の敷地になってしまった嘉手納線の桑江駅、平安山駅、野国駅など、どこにあったのかさえわからなくなった駅もあるくらいだ。

終戦後、沖縄に鉄道が敷かれたことはないが、つくられそうになったことはある。生活物資の輸送をトラックでおこなっていた米軍は、あまりよくない道路事情を打開する策として、１９４７（昭和22）年に鉄道復興を計画したのだ。翌年、資材が入荷したという具体的な記録も残っている。

しかしその後、１９５０（昭和25）年の朝鮮戦争勃発で事情は急変。鉄材不足を補うためレールは貴重品になり、鉄道計画はいつの間にかなくなってしまった。それどころか、かつての戦争の傷跡とでもいうべきレールの残骸すら、かき集められ消えていってしまう。そしてそれから50年以上が経ち、鉄道があったことなど沖縄県民にすら忘れ去られてしまっているのだ。

1線区の長さ140キロで日本最長！北海道の元赤字ローカル線

２００２（平成14）年3月1日現在日本民営鉄道協会に加入している私鉄は全部で72社。このうち16社が「大手私鉄」と認定されている。

大手私鉄とは、帝都高速度交通営団、東武鉄道、京成電鉄、西武鉄道、京王帝都鉄道、小田急電鉄、東京急行電鉄、京浜急行電鉄、相模鉄道、名古屋鉄道、京阪電気鉄道、近畿日本鉄道、阪急電鉄、阪神電気鉄道、南海電気鉄道、西日本鉄道。ほとんどが首都圏、近畿圏に集中している。営業キロ数では、近鉄（５８６・８キロ）、名鉄（５４３・１キロ）、東武（４７０・１キロ）が群を抜いていて、次は西武の１７９・４キロ、営団地下鉄の１７７・２キロとぐっと短くなってしまう。

だが、営業キロ数ではなく、１線区だけの長さなら、これら大手より上で私鉄最長という路線が北海道にある。北海道ちほく高原鉄道ふるさと銀河線、北見～池田間１４０キロだ。ちなみに2位、3位は大手。近鉄大阪山田線、上本町～宇治山田間１３７・３キロ、東武伊勢崎線、浅草～伊勢崎間１１４・５キロと続いている。

北海道ちほく高原鉄道は、北海道東部を南北に縦断する旧国鉄の赤字ローカル線だった池北線がその前身。池北線は１９８４（昭和59）年には廃線候補である「特定地方交通線」に指定された。存亡の危機に瀕していたわけだが、厳寒地の、それもあまりに長い路線ということもあって、さらなる調査のため、道内の標津《しべつ》、天北、名寄《なよろ》の各線とともに1年間廃線は保留されることになった。その後、名寄線など3線は廃線、バス転換になったが、池北線だけは第3セクターによる鉄道輸送というかたちへ転換することになり、１９８９（平成元）年に北海道ちほく高原鉄道ふるさと銀河線として再スタートしている。この路線は北海道を吹き抜けた赤字ローカル線廃止の嵐を逃れた、唯一の路線なのだ。

日本一短い2・7キロの紀州鉄道は親会社の広告として買収された!?

日本一短い鉄道は全長2・7キロの紀州鉄道。和歌山県のＪＲ紀勢本線御坊駅から西御坊駅までをつないでいる。ケーブルカーならもっと短い路線もあるが、普通鉄道では最短だ。開業は１９３１（昭和６）年だが、この短い路線が生まれた背景にはちょっとした事情がある。

発端は紀勢本線御坊駅の位置。市街地にするか街外れにするかでもめたのだが、当時の与党、立憲民政会は街外れに置くことを主張し、市街地への設置を望む住民と真っ向から対立した。住民側に立った野党との間で政権抗争にまで発展したが、結局現在の御坊駅のある街外れへと落ち着いてしまう。これに納得できない住民たちは、御坊駅から市街地までをつなぐ紀州鉄道を開通させたというわけだ。

だが、こんな短い路線では赤字になるのは当然。昭和の終わり頃には経営状態は火の車になってしまっていた。新しい経営者はすんなりと見つかったが、それがまた意外な企業だった。

買い手はなんとリゾート開発会社。東京の千代田区に本社を持つ資本金１億６０００万円の大会社である。だが、そんな会社がどうしてこんな赤字ローカル路線を買ったのか。

実はこの買収は広告宣伝戦略の一環。日本では、鉄道を持っているほどの会社なら、鉄道会社の不動産部門の信用度は高い。この短い路線を買えば、「普通の不動産会社」から「鉄道会社の不動産部門」になれる。鉄道の赤字など、広告費と思えばいいというわけ。いってみれば赤字覚悟で広告のためにプロ野球チームを持つようなものだろう。なお、このユニークな企業は、社名もその時に和歌山全体を走っているような「紀州鉄道」に改称している。

70年代大流行の「愛国発幸福行き」切符 今も届く「愛の国からメッセージ」!?

全国に約500本、北海道だけで65本あるという鉄道廃線。その中で、今日鉄道ファン以外にも有名なのは、広尾線くらいのものだろう。

広尾線は1929（昭和4）年から1932（昭和7）年にかけて順次開通した帯広～広尾間全84・0キロ。十勝平野の農産物の輸送や、襟裳岬を訪れる観光客などに利用されていたが、赤字のため1987（昭和62）年に廃線になっている。

なぜ広尾線が知られているかといえば、1970年代に大流行した「愛国発幸福行き」の切符がその理由である。当時旧国鉄の「ディスカバー・ジャパン」キャンペーンによる旅ブームと北海道ブームとに乗って、全国的な話題になった。幸福駅は今も現役当時そのままの姿で残され、いまだ訪れる人も少なくない。駅内には使用済みの定期券や名刺がところ狭しと貼りつけられており、廃駅とは思えない華やかさだ。駅前のお土産屋さんもまだ営業中である。「幸福」という地名は、かつてこの地に開拓団として入植した福井県出身者たちが、故郷の福井から1字とり、幸せを願って名づけたものだといわれている。

現在でも毎年送られているという「愛の国からメッセージ」

一方、９６００型ＳＬがホームの位置に保存され、モダンな赤い屋根の駅舎内が鉄道記念館になっているのが愛国駅だ。ここでは例年期間限定で、ノートに住所、氏名を書くとクリスマスに「愛の国からメッセージ」のハガキが届くというサービスがある。廃線の駅からのメッセージとはなんともノスタルジック。汽車が天へと昇っていく絵が描かれた、次のようなハガキが届く。「しあわせの国、幸福駅からメッセージを送ります。お元気でお過ごしですか…。季節はめぐり、愛国・幸福は雪のベールにつつまれました。ある日、懐かしい思い出が心に浮かんだら、どうぞまた訪れてみてください。しあわせの国で、また出会えますように…。」

全国で唯一残ったストーブ列車 冬の訪れを知らせる津軽の風物詩

青森県の五所川原《ごしょがわら》駅〜津軽中里間20・7キロを結ぶ津軽鉄道。普段はディーゼルカーが1、2両で運行している、非電化単線のローカル線だ。沿線には、作家太宰治の生家「斜陽館」がある。

津軽鉄道といえば、鉄道ファンの間ではストーブ列車で有名。ストーブ列車とは文字通り、車両内でストーブを燃やして走る客用列車のことだ。燃料事情のよくなかった昔、冬には石炭の香りを車内に漂わせながら、汽車に牽引されて走っていた。その後、蒸気暖房の整備や電化、機関車から直接暖房を送るシステムの普及などが進むと次第にその数は少なくなり、やがて旧国鉄では1970年代に、津軽鉄道以外の私鉄でも1980年代には廃止してしまい、今ではこの路線に残るのみになっている。

車両の老朽化のため、一時は津軽鉄道でも廃止が検討された。しかし、観光列車として人気を集めつつあったことで、最終的には存続が決定。しかも、旧国鉄から新たに戦後につくられた車両を購入し、1983（昭和58）年に3代目ストーブ列車として運行し始めた。新しいといってももう立派なお年寄。古色蒼然とした木目調の車内では、ゆったりした気分が味わえるだろう。なお、3代目デビュー時に引退した昭和初期製の2代目は、沿線の芦野公園駅横に保存展示されている。

その3代目も、老朽化が進んだ今では11月中旬から3月までの冬期だけ、しかも1日2往復の限定運行。シーズンには乗りに訪れるファンも多いが、必ず時刻を確認したほうがいいだろう。

運行が始まるとテレビニュースなどにもよくとりあげられる、津軽平野に冬の訪れを知らせる走る風物詩は、名峰岩木山をバックに毎日のんびりと走り続けている。

日本初の軽便鉄道伊予鉄道「坊っちゃん列車」は今も車体広告なし！

夏目漱石や正岡子規ゆかりの地として知られ、日本一のミカン生産地でもある愛媛県の松山市。瀬戸内の温暖な気候の中を走る鉄道は、高浜・横河原・郡中の各郊外線、市内線、バスと、伊予鉄道がほぼ独占したかたちになっている。

伊予鉄道の車体塗装の基本は、すべて特産のミカンを連想させるオレンジ色で統一。郊外線と市内線の電車はどちらも古町が車両基地で、線路も接しているが、郊外線は高床式、市内線は低床式と形状が異なるため、乗り入れはしていない。

郊外線の通過を待つ市内線がどこかユーモラスな伊予鉄道の平面交差

松山の電車といえば、やはり「坊っちゃん列車」と呼ばれる路面電車の市内線がその代表格だろう。1888（明治21）年に日本初の軽便鉄道として開業。以来110年以上にわたって、これまた日本最古の温泉といわれる道後温泉へと向かう人々の足となってきた。現在は改軌、電化され、いつでも利用できる快適な市内電車としてまだまだ現役で活躍中だ。

最近の電車、特に路面電車は全面広告の流行で、オリジナルの塗装が見られることはあまりなくなっているが、伊予鉄道は数少ない例外。いつもミカン色の素顔を見せてくれている。最新車両が1965（昭和40）年製というのも、路面電車としてはめずらしいほど車両を大事にしている証拠。

鉄道ファンの間で有名なスポットは、高床式の郊外線と低床式の市内線、規格の違う軌道同士が踏切で直角に交差する、大手町など２ヶ所の平面交差だ。郊外線が通過する時には、市内線は自動車と一緒に停止、踏切待ちをする。ガタガタと車輪がレールにぶつかる音を立てながらすれ違う様子は、電車同士が挨拶しているようで楽しい。

機関車マスターズ・リーグ開催!?
ファン熱狂の近江鉄道「ガチャコン号」

滋賀県内を走る近江鉄道。米原〜貴生川の近江本線、高宮〜多賀神社の多賀線、八日市〜近江八幡の八日市線という３本の路線を持つ、西武系列の私鉄だ。系列だけあって、使われている電車も西武のお古。走る時の音が「ガチャコーン、ガチャコーン」と騒々しいので、地元では「ガチャコン電車」と呼ばれている。

そんな近江鉄道の沿線は、１９９６（平成８）年の創立１００周年記念イベント以来、夏休みや、鉄道の日のある10月になると、カメラを持った鉄道ファンで賑わう。

このイベントで走るのがその名も「ガチャコン号」だ。近江鉄道には、旧国鉄がアメリカから輸入した優秀機「ＥＤ14型」や、１９２３（大正12）年に生産された凸型スタイルがうれしい初期の国産電気機関車「ＥＤ31型」など、往年のスターたちが現存し、しかも走れる状態にある。これらの機関車とガチャコン電車とが連結して走るのがガチャコン号なのだ。なにしろ古くて動く機関車の登場だから、鉄道ファンの熱狂ぶりも当然だろう。乗車券はあっという間に売り切れとなってしまう。

他に登場するスターには、東武鉄道最初の電気機関車でイギリスから輸入された「ED4001」、大阪と和歌山を結んだ阪和電鉄の最後の生き残り「ロコ1101」などがある。

イベント当日、ガチャコン号の車内では近江商人に扮した沿線の観光担当者がサービスを担当。食事もかつての近江商人のように、竹カゴの弁当箱を唐草模様の風呂敷で包むなど雰囲気は満点だ。

普賢岳噴火から立ち直った島原鉄道の災害と復興をながめるトロッコ列車

1990（平成2）年に始まった長崎県の雲仙普賢岳噴火。火砕流や土石流などで数多くの死傷者を含む大きな被害が発生した。普賢岳の近くを通る島原鉄道でも、最初は竹ぼうきやワイヤーをつけたモーターカーで火山灰対策に追われていたが、噴火の規模が大きくなるに従って、警戒区域ができて運行不能になり、やがて大土石流の発生で水無川付近の線路が４年間にもわたって南北に分断されてしまった。

火山が活動を休止した後、分断された箇所に新しい高架橋をかけ、そこに線路を引き直すという大がかりな復興工事がおこなわれた。そして列車の塗装も一新した島原鉄道が再び全面開通したのは１９９７（平成９）年４月のこと。

とはいえ、沿線にはまだ災害のすさまじさを物語る恐るべき光景が広がっている。その姿から目をそらすのでなく、反対に災害と復興の様子を間近にながめてもらうことで観光客を呼び戻し、地元の経済も好転させようというアイディア、観光トロッコ列車「ハッピートレイン」も同時に運行を開始した。高いところを走る島原鉄道からは、被災地の様子やすっかり姿を変えてしまった普賢岳がよく見える。

トロッコ列車には、旧国鉄時代の有蓋貨物車両トム７型を、48人乗り２両編成に改造したものを使い、前後にディーゼル車をつけて牽引する。ディーゼル車部分も含め、定員は１５６人。深江～島原９キロを時速約30キロでゆっくりと走った。乗務員は運転士と車掌の他、島原の歴史や災害の様子を語る「語り部」３人が乗り込み、島原弁をまじえてガイドする。

１日３往復で料金は５００円だったが、これが思いの外の大ヒット。県外からも予約が殺到し、キャンセル待ちが出るほどだったという。第１弾は全面開通の４月から

11月まで運行。その後もシーズンには運行を続け、噴火から10年経った2000（平成12）年には復興記念行事にちなんだヘッドマークをつけて走った。

高さ105メートル！　東洋一の鉄橋と日本一のサービスが楽しめる高千穂鉄道

宮崎県の延岡駅から五ヶ瀬川を上流に向かって走る高千穂鉄道。神話の里高千穂駅までの50・1キロを結ぶ、第3セクターによるローカル線だ。五ヶ瀬川は蛇行しているため、窓からながめると川の景色が左右に移り、上流が近づくと山は岩肌を見せ始めるなど、景観が素晴らしい。

終点のふたつ手前深角駅を過ぎると高千穂鉄道でもっとも長い大平山トンネル（約3キロ）に入るが、ここを抜けたとたん一転して視界が開けるのに驚かされるだろう。ここが日本一、いや東洋一高い鉄橋、高さ105メートルの「高千穂橋梁」である。窓から見ても足がすくむが、列車はこの高さをじっくり楽しんで下さいとばかりに、サービスよく徐行運転。高いところが好きな人も嫌いな人も、スリル満点の景色をゆっくりながめることになる。

高千穂鉄道は、橋梁の日本一にちなみ、何でも日本一を目指そうとがんばっている鉄道だ。特に、車内サービスには力が入っており、「日本一きれいな列車」「日本一親切な列車」としてアピールし、イメージアップと活性化を図っている。

　サービスの良さといえば、延岡～高千穂間を1日3往復する「たかちほ」号にはパノラマタイプのサロン車がついている。土曜・休日限定で指定席もあり、指定料金はたったの２００円。この価格を考えたらサービスはまさに日本一で、おしぼりとコーヒーが出され、しかも親切な車掌からも笑顔のサービスとなると、乗らないのは損というものだろう。他にも、駅内の露天風呂から五ヶ瀬川が一望できる日之影温泉駅など、駅も魅力タップリの路線なのだ。

朱色と緑のツートンに天台座主のご親筆 日本最長のケーブルカー比叡山鉄道

比叡山鉄道は、営業距離２０２５メートルを11分かけて走っている、日本一走行距離の長いケーブルカーだ。ケーブルカーは建設費がかさむため、最長記録は将来も塗り替えられないだろうといわれている。この路線は、その名の通り天台宗総本山比叡山延暦寺に登るためのもので、延暦寺のお坊さんにとっては通勤電車だ。

滋賀県、京阪石山坂本線坂本駅から少し離れたケーブル坂本駅を出発し、ほうらい丘、もたて山のふたつの中間駅を通って延暦寺駅へと着く。ほうらい丘には織田信長の焼き討ちによる犠牲者の霊を慰めるための地蔵尊が、もたて山近くには紀貫之の墓所があり、ここが仏教の聖地であるのだと感じさせる。

ケーブルカー開業は１９２７（昭和２）年と古い。延暦寺駅は開業時に建てられた駅舎を修復したもので、ケーブル坂本駅も「坂本驛」と書かれた当時からの駅名板を使っている。切符もすべて昔ながらの硬券だ。

施設も老朽化が目立っていたが、１９９３（平成５）年に全面的にリニューアルされた。現在使われている車両はその時導入されたもので、窓の大きなヨーロッパ風スタイル。塗装も朱色と緑のツートンで、全体として延暦寺のクラシックなイメージとモダンな明るさが同居したデザインだ。それを象徴しているのが、車両につけられた金色で楕円形のエンブレム。「よい縁を導く」「人々を幸福へと導く」ことを願って、1号車は「縁」、2号車は「福」と名づけられ、文字は第２５３世天台座主《ざす》大僧正、山田恵諦猊下《げいか》のご親筆によるものだ。

ケーブルカーとして変わっているのは、階段状の座席がすべて下、つまり坂本駅方向を向いていること。これは眼下の琵琶湖と大津の街並みが、よく見えるようにとのレイアウトだ。

どこまで行っても100円！日本一安い料金で奮闘中の路面電車

赤字に苦しむ路面電車が多い中、がんばっているのが広島電鉄と長崎電気軌道。ともに被爆都市、民営という共通点があるが、特に日本一安い「どこまで行っても100円均一」という料金で黒字経営を続けて路線を拡大し、また、廃止路線を出したこともない長崎電軌は、路面電車経営のお手本といえるだろう。

路面電車の天敵といえるのが路線バス。長崎にももちろんバスはあり、長崎電軌自身も一時は運行していた。しかし現在ではバス部門は譲渡し、「電車1本で行く」と背水の陣で徹底的な合理化を実施。それに加えて、バスより安い運賃を1984（昭和59）年からずっと守り、全国の路面電車に先がけて全面広告電車を登場させたりと、さまざまな増収策にトライした。

長崎の場合、恵まれていたのは、県公安委員会と県警が軌道敷への自動車進入禁止を維持してくれたことだ。これは大きかった。電車の定時運行が守られるため、バスからの乗り換えが進む。やがて長崎電軌の経営は黒字に転化した。今では朝夕のラッシュ時以外も車内は満員のことが多く、北部の滑石ニュータウンから途中までバスで来て、そこで乗り換える人もけっこういるぐらいだ。その滑石ニュータウンまでの延長計画もあるが、実現すればニュータウンを走る路面電車という新しい交通スタイルが確立されるだろう。

また、定期以外の収入、つまり多くの観光客が利用していることも大きい。出島、思案橋、オランダ坂など、長崎の観光スポットはほとんどが市電の沿線。しかも1日乗車券が500円で販売されているから、観光客にはぴったりだ。

欧米では、エコロジカルな乗り物として路面電車の見直しが進んでいる。国内のほとんどの路面電車が苦戦する中、長崎電軌の経営はもっと注目されていいはずだ。

復刻ラベルもある宇都宮駅「汽車弁当」しかし、さらに古い駅弁もあった!?

もっともよく知られている駅弁第1号は、1885（明治18）年東北本線宇都宮駅説。創業時のものを模した復刻ラベルもつくられている。当時この「汽車弁当」は、梅干入り、ゴマをかけた白米のおにぎりにタクアンをそえ、竹の皮に包んだもので値段は5銭。江戸時代から旅籠《はたご》を営んでいた白木屋（現在は駅弁屋）が日本鉄道の重役の勧めで売り出したという。

だが、宇都宮駅が第1号ではないという説もある。

１９３０（昭和5）年の『旅』誌によると、実際に宇都宮駅で売られたのは5銭と10銭の駅弁、それに10銭のすしで、しかも2年後の１８８７（明治20）年だというのだ。鉄道大臣官房にいたこともある大野恵造氏が、実際に創業時の人々に会って取材したもので信憑性は高いが、実際はどうなのだろう。大野氏の『駅弁の話』では、１８８５年に売り出されたのは同じ東北本線でも小山駅のほう。開駅と同時にへぎ皮包みの「翁すし」弁当が5銭で発売されたという。

史料ではそれより古いものもある。もっとも古いのは１８７７（明治10）年の神戸駅。１９５７（昭和32）年神戸駅編集・発行『神戸駅史』の年表に「明治十年七月立売弁当販売開始」の1行がある。一方で１９３６〜１９３８（昭和11〜13）年ダイヤモンド社編集・発行『旅窓に学ぶ』には、同じ年に大阪で売られたのが最初ともある。ただし、これらの文献は、残念ながら駅弁に関する記述の出所がはっきりせず、現在となっては本当かどうか確かめることはできない。

関東では少し遅れて、１８８３（明治16）年発行の日本鉄道株式会社『改正日本鉄道規則及諸賃金明細独案内』に、上野停車場構内弁当料理として「ふじのや　濱井啓次郎」とある。どんなものだったかはまったくわからないが、鉄道会社が出した公文書だから信頼性は抜群だ。もったいないのは「もっとも古い」と言い切るにはやや時代が新しすぎる点だろう。

ただ、こうした衣食住の起源に、正確な記録の必要などないわけだから、いくつもの説が出てくるのはしかたのないことかもしれない。結局、駅弁第1号はわからない、というのが正解だろう。

ゴミが減り緑は増える究極エコロジカル！植木鉢＋種つきの草津駅「お鉢弁当」

江戸時代、東海道と中山道の分岐点として賑わった滋賀県草津市。この草津駅に「お鉢弁当」というユニークな駅弁がある。

内容は、炊き込みご飯に鶏肉、鮭の焼き物、たけのこ、栗甘露煮、れんこん、わらび、ぎんなん串などだから、いわゆる釜飯のようなもの。変わっているのは、これが釜でなく植木鉢に入っていることだ。近くの信楽《しがらき》町で「世界陶芸祭」が開催されたのを記念して、１９９０（平成２）年につくられたのだが、この植木鉢は正真正銘、本物の信楽焼。これをそのまま容器にしたのだからおもしろい。

しかも、オマケにはデザートならぬ「ラディッシュの種」。ごていねいに育て方の

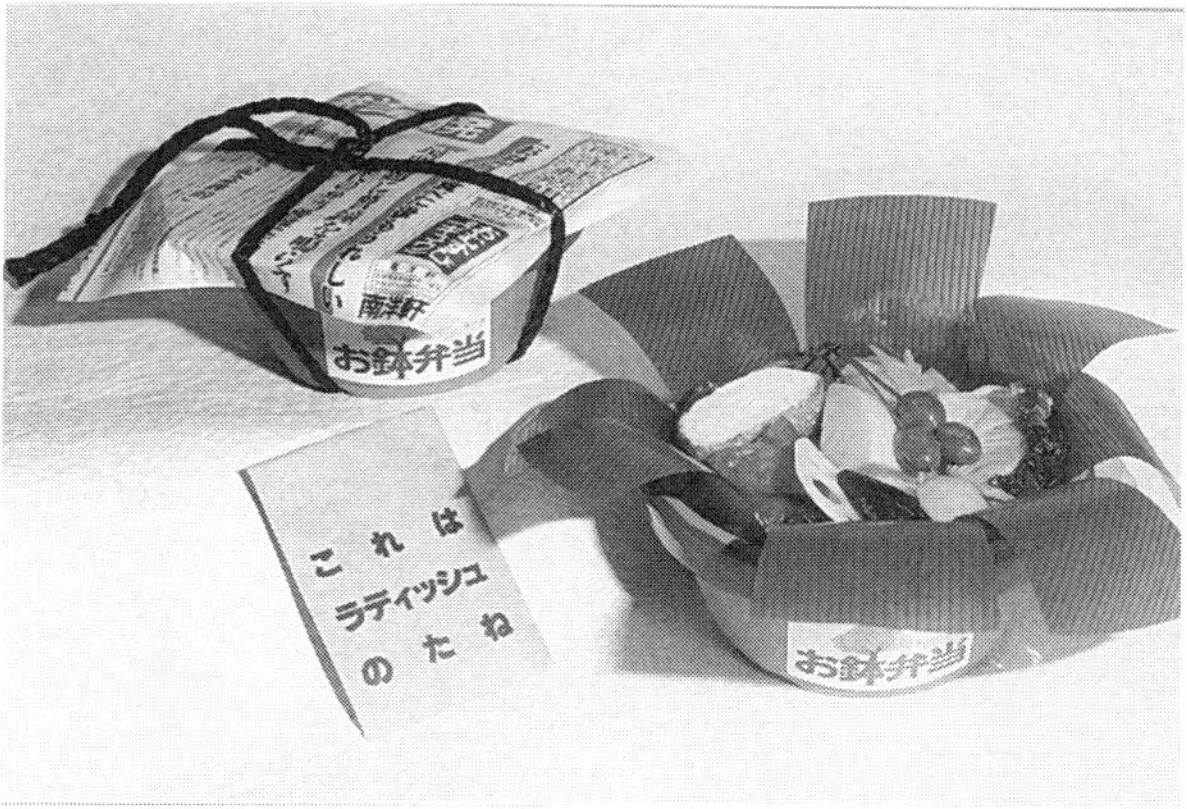

ボリュームを考えたら850円は安い!?　草津駅の「お鉢弁当」

マニュアルまでついている。食べ終わっても容器はゴミにしないで、種を植えて育てて下さいというわけだ。ゴミが減って緑は増える。これぞまさしく究極のエコロジカル弁当といえそうだ。

群馬県横川駅の「峠の釜めし」など、陶器を使った駅弁は多いが、なんといっても困るのは容器の処理だった。この点をなんとかしようと、知恵を絞ったのだろう。「お鉢弁当」の開発の経緯は、新聞紙を模した弁当のかけ紙に詳しく解説されている。これがとぼけた感じの、実に味のある文章。ぜひゆっくり読んでみてほしい。

価格は税込み８５０円で、予約制（０７７－５６４－４６４９）。前日までに電話で連絡しておく必要がある。

名物の売り子の姿もなくなった横川駅しかし「峠の釜めし」は、今でも健在！

信越本線横川駅の「峠の釜めし」。駅弁ランキングでは必ず上位に顔を出す人気者である。昔、下野《しもつけ》の防人《さきもり》が碓氷《うすい》峠を越える時、持参の土釜で炊飯しながら、故郷を思って詠んだとされる万葉集の和歌をヒントにしたものだ。容器は栃木県の益子焼《ましこやき》。

「峠の釜めし」はまさに地の利を生かした商品だった。碓氷峠66・7パーミルの急勾配を控えて特急も急行もここで必ず停車し、特殊な電気機関車を連結しなければならない。その連結作業が終わるのを待つ間、乗客も一服したくなる。そこでホームをかけ回るのが、釜めしの売り子たちだった。

この売り子がまた横川駅名物。列車がホームに入ると、キレイに整列していねいにお辞儀をする。それから乗客が弁当を買い求め、売り子はあわただしく動き回る。そして列車が発車すると、売り子は再び整列し、もう1度ていねいにお辞儀をする。駅弁業者「おぎのや」の女主人の徹底したサービス精神が生んだ、横川駅に欠かせない光景だった。

しかし、その売り子たちももういない。1997（平成9）年、オリンピックを控え運行を始めた長野行新幹線はまったく別のルートを走る。碓氷峠の向こうの軽井沢まではバスしか通らなくなり、横川駅は高崎との間を往復する普通列車しか停まらない、信越本線の終着駅となってしまったのだ。構内から電気機関車がいなくなるとともに、ホームの売り子の姿もなくなって、現在では売店があるだけになっている。

それでも「峠の釜めし」は健在だ。かつてにぎやかだった頃をしのぶ「鉄道名所」の雰囲気が漂い始め、おぎのやは鉄道資料館までつくってムードを高めている。横川駅の駅舎も、妙義山の姿もそのままだ。

いったい何がごきげん？　松江駅の「ごきげんべんとう」

駅弁の種類は多いが、中にはお酒のついたものもあるという。飲みたければ売店で別に買えばいいんじゃない、とも思うが、昼間から車内で酒を飲むのはちょっととという人にも、弁当についているのだからと大義名分のできることもあって好評だ。ちなみにこうした弁当は、未成年が飲む、いや、食べることはできない。

アルコール飲料つき駅弁元年は１９８３（昭和58）年。同時期にふたつの駅弁がデビューを飾っている。まず山梨県の塩尻駅に名物のワイン入りの駅弁が登場。石川県

機嫌がよくなるのも当然!?　松江駅の「ごきげんべんとう」

金沢駅では、日本酒入りの駅弁が発売された。これは駅弁界にとって画期的なできごとで、それ以来、ワイン入りは山梨県の大月駅と兵庫県の神戸駅、日本酒入りは岐阜県高山駅、島根県松江駅と名酒の生産地が次々と続いている。

そんな中、もっともユニークなネーミングなのが、松江駅の「ごきげんべんとう」。気になるのは、いったい何がごきげんなのかということだが、これは地元松江の日本酒100ccビンが2本も入っていてごきげんというわけだ。まさか日本酒と2本をかけたわけではあるまいが、わかりやすくていい。

2本の日本酒はどちらも地元の酒造メーカーがつくっている名酒、「湖上の鶴」と

「國暉」。ともに辛口だが、湖上の鶴のほうがより辛い。ふたをとるとおかずや俵型のご飯と一緒に、横に並んで寝そべっている。

おかずも日本酒に合うものばかり。むしろ肴といったほうがいいかもしれない。その内容はすき焼き、わかさぎの甘露煮、赤貝の煮つけ、うなぎ、白魚のてんぷらなどといったところ。しかも左党の食生活を意識したか、おかずにくらべてご飯は少なめなのも配慮が行き届いている。

お酒も弁当も両方楽しめて、これでお値段は１５００円（予約制）。ぜひ飲んで、いや食べてみたいという人は０８５２－２２－３７５５まで。

岩手県宮古駅の「いちご弁当」入っているのはイチゴではない!?

東北本線盛岡駅から太平洋に向かい、海沿いを通って釜石までを結ぶ総延長１５７・５キロのローカル鉄道、山田線。その途中にある宮古駅に「いちご弁当」なる奇妙な名前の弁当がある。宮古は日本でも有数の漁場の町で、別にイチゴが名産というわけではない。第一、イチゴ味のご飯や天ぷら、煮物など、想像してもあまりおいしくはなさそうだ。しかし、いちご弁当はデパートの駅弁大会でも人気が高く、全国駅弁コンクールでもグランプリに輝いた実力派の弁当なのだという。

ふたには「陸中海岸　アワビとウニのいちご弁当」とあり、アワビとウニの絵が描いてある。ふたを開けてみても、どこにもイチゴのかけらもない。ウニそぼろが敷きつめられた茶飯の上に、4切れの蒸しアワビが載っている。食べてみるとウニの味は見事だし、アワビもやわらかくておいしい。煮汁で炊いたご飯も味がしみている。これならグランプリも納得というところだが、いったいどこがいちご弁当なのだろう。

実はこの弁当のオリジナルは、まさに「いちご煮」という名の郷土料理なのだ。いちご煮とは、三陸沖で獲れたばかりのウニとアワビをすまし汁に入れたもの。熱湯の中でウニが野イチゴのように赤く煮えていく様子からその名がついたそうだ。それを駅弁にしたのだから、いちご弁当というのもうなずける話だ。

「駅弁のデパート」黒磯駅の九尾ずし　天皇家三代に愛されたユニーク弁当の中身

10種類以上の駅弁が並び、「駅弁のデパート」と異名をとる東北本線黒磯駅。バラエティに富んだメンバーの中、ファンの間では「日本三大駅弁」のひとつと称えられ、なんと昭和天皇以来天皇家三代がファンだというのが「九尾ずし」だ。

「九尾」とは、インドから中国、日本へと飛来した金色の毛、９本の尾を持った伝説の狐のこと。黒磯駅からバス35分、天皇家の御用邸がある那須高原の賽の河原近くに、松尾芭蕉『奥の細道』にも出てくる「殺生石《せっしょうせき》」がある。有毒の硫化水素を噴出し、近づく鳥獣類が死んでしまうのでこの名で呼ばれる那須の名物だ。九尾狐はこの那須野ヶ原で死に、殺生石に化けたという伝説がある。

この伝説にちなんだ九尾ずしの内容は、四角い箱の中に半円形の仕切りがあり、チーズ、チャーシュー、スモークサーモンを材料にしたユニークな握りずしと、いなりずしとが並んだものだ。半円形の仕切りが殺生石を表現し、インド、中国、日本の食べ物を表現したものという。値段は７３０円。

お召し列車で御用邸にやって来た昭和天皇が、初めて九尾ずしを食べられたのは１９６３（昭和38）年5月のこと。それ以来ファンになり、御用邸に来るたびにご家族の分やお付きの人たちの分もと、１回に30個とか40個とかをまとめて注文されたという。ただし昭和天皇は、「九尾ずし」とはいわず、箱に絵が描かれているからか「きつねすし」と呼ばれていたそうだ。

現皇太子も幼少の頃、御用邸滞在の際にはハイキングの弁当として所望されたとか。つまり、昭和天皇以来天皇家三代に愛される由緒ある駅弁というわけだ。

ところ違えばおもしろさも違う

世界の鉄道あれこれ

世界一の急勾配を誇るピラトゥス登山鉄道

世界一の急勾配を誇るのはスイスのアルプス山脈を登っていくピラトゥス登山鉄道である。この鉄道、そもそも列車のかたちが違う。一般的な長方形ではなく、急勾配にあわせた平行四辺形なのだ。さらに、ホームも階段状にしつらえてある。不思議な感覚に陥りながら列車に乗り込んでみると、なんと車内までも映画館の座席のように階段状になっているという、すべてが急傾斜にあわせたつくりになっているのだ。気がつかないで乗ればただのケーブルカーかと思ってしまうが、驚くべきことに完全な「電車」である。

いったいどれほどの勾配かというと、鉄道の勾配を表す１０００分率にして４８０パーミル。わかりやすくいえば約25度という急勾配だ。人の目からレールを見上げれば、これはほとんど垂直に近い印象を受けるほど。一方、日本一の急勾配はというと、大井川鉄道井川線の90パーミル。ピラトゥス登山鉄道の5分の１以下に過ぎないと考えれば、アルプス山脈を走るこの鉄道のすごさがよくわかる。

第6章

意外にハイテク自慢!?

鉄道・車両はこうして動いている!

日本では機関車が客車を引くのが常識だが、グローバルスタンダードではない!?

全車両が駆動力を持つ電車ならともかく、機関車と客車の組み合わせで走る場合、まず押すのか引くのかが問題になる。ＳＬは蒸気機関車が客車を引いているし、ブルートレインでもそうだ。我々は「客車は引くもの」とつい思いこんでしまうが、最初の鉄道はまず押す構造、推進運転で始まったのである。

しかし、これでは運転手が車両の後端に位置することになる。客車が１～２両と短い頃はそれでも良かったが、機関車のパワーが時代とともに上昇するにつれ、車両編成もだんだん長くなり、後ろの運転手は視界がきかなくなってきた。そのため、後の時代では牽引が主流になったわけだ。推進を使用するケースもなくはなかったのだろうが、例えば旧国鉄では、機関車が後ろから列車を押す場合、時速65キロ以下で走らなければならないという制限が課せられていた。

ただし、現在ではまた状況が変わっている。日本の車両の多くは、車両そのものに動力がついている電車だから、１台の機関車が多くの客車を引いたり押したりするということ自体、あまり考える必要はない。

一方、海外の場合はまた事情が違う。最近になって、再び推進も積極的に利用されるようになってきているのだ。TGVのように「機関車＋客車＋機関車」で運転手が先頭車両に移動するというスタイルと、客車の端に運転台だけを設け、推進時にはそこから後端にある機関車を遠隔操作する「プッシュ・プル編成（列車）」というスタイルとが主流なのだ。これなら折り返し運転でも機関車を付け替えなくていいという利点もあり、終着式の駅が多いヨーロッパでは都合がいいだろう。

日本でもこういった列車がないわけではない。旧山陰線を利用して、保津峡の渓谷を楽しむトロッコ列車嵯峨野観光鉄道では、片道は推進運転で先頭客車から機関車を遠隔操作している。だが、このような特殊なかたちでしか、日本では推進運転はおこなわれないのだ。

世界にくらべて狭い日本の車両どうして「狭軌」を採用した？

レールは必ず2本で1組。レールとレールの間の距離を「軌間」といい、路線によってけっこう違いがある。では、広い軌間と狭い軌間には、どんなが機能の差があるのだろう。

軌間が広いと車両も大きくなる。車内が広がるのはもちろん、安定度が増してカーブにも強く、大型モーターも使いやすいなどのメリットがある。その反面、建設には手間も経費もかかり、山間部などではそもそも使用できないなどという問題がある。逆に軌間が狭ければ、車体やその他地上設備も小さくなるため、建設、運行の費用が抑えられる。無論、積載量などは少なくなってしまうわけだ。

世界的には１４３５ミリが「標準軌」。これは１８２５年にイギリスで世界初の鉄道が採用したサイズで、全世界の約60パーセント近い鉄道がこの標準軌だ。そしてこれより大きいものが「広軌」、小さいものが「狭軌」と呼ばれる。

日本には軌間が4種類もある。もっとも多いのが狭軌の１０６７ミリで、ＪＲでは奥羽本線の一部と田沢湖線を除いた在来線のすべてがそうだ。他にも関東の大手私鉄や地方の中小私鉄がこのサイズを採用している。１４３５ミリの標準軌は、新幹線と関西の私鉄各社を中心に使われている。その他、１３７２ミリという軌間もあり、これは井の頭線を除く京王各線や都営新宿線、都電などがそうだ。もっとも小さいのは７６２ミリで、大正時代に敷かれた軽便鉄道で使われたもの。今でも黒部峡谷線など、通常の鉄道建設が難しい山奥では現役である。

日本で１０６７ミリ狭軌が多いのは、１８７２（明治５）年の鉄道創業時にイギリス人の設計士がこれを日本政府に勧めて、それがそのまま全国に広がったからだ。この半端な数字は、鉄道建設が急務で少しでも手間を減らすための苦肉の策だとか、山国で地理的条件の厳しいところが多いのでイギリスの植民地で採用していたサイズにしたという説、イギリス式にいうと3フィート6インチで半端ではないという説などがあって、詳しくはわからない。

いずれにしても、１０６７ミリで広がった旧国鉄に、乗り入れしやすいように関東の私鉄が合わせていった。路線が独立している新幹線や、旧国鉄とスピード争いにしのぎを削っていた関西の私鉄は１４３５ミリ標準軌にしたわけだ。

まっすぐなレールしかないのにどうやってカーブした線路がつくれる？

カーブの多い日本の鉄道。レールはまっすぐなはずなのに、けっこうきついカーブを描けるのはどうしてだろう。

実はレールそのものは、割と簡単に曲がる。だが、レールの長さは標準で25メートル。ゆるやかなカーブなら、レールそのものをわざわざ曲げるほどのことはない。この短いレールをカーブに沿って並べていくだけで自然な曲線ができる。マッチ棒を並べてカーブをつくると思えばわかりやすいだろう。

だが、それでは間に合わないような急カーブもある。そんな時はレールそのものを曲げるしかないわけだが、この場合も1本1本をそんなに曲げるわけではない。わずか数ミリでいい。あまりカーブがきつくなると、遠心力が大きくなって乗り心地が悪くなってしまうし、そもそも、長大な車両も曲がっているわけではないのだから、それほど大きな急カーブに対応できるわけもないのだ。このへんは大型トラックが交差点を曲がるのが大変なのに似ている。

曲げる作業が簡単といってももちろん人力では歯が立たず、機械の力に頼らなければならない。レールの両端を固定して、真ん中の部分に油圧を与えて曲げる。ミリ単位なだけにかなり繊細な作業だといえるだろう。こうして曲げた線路は、当然内側のほうがあまってしまう。そんな時は少しずつ切断するしかないそうだ。

メンテナンスが楽で騒音が少ない！縦枕木にしたら理想のレールになった

通常枕木といえば線路に対して横向きだとばかり思ってしまうが、この枕木を線路に平行に配置、つまり縦向きにするとレールが傷みにくく、騒音も減らすことができ

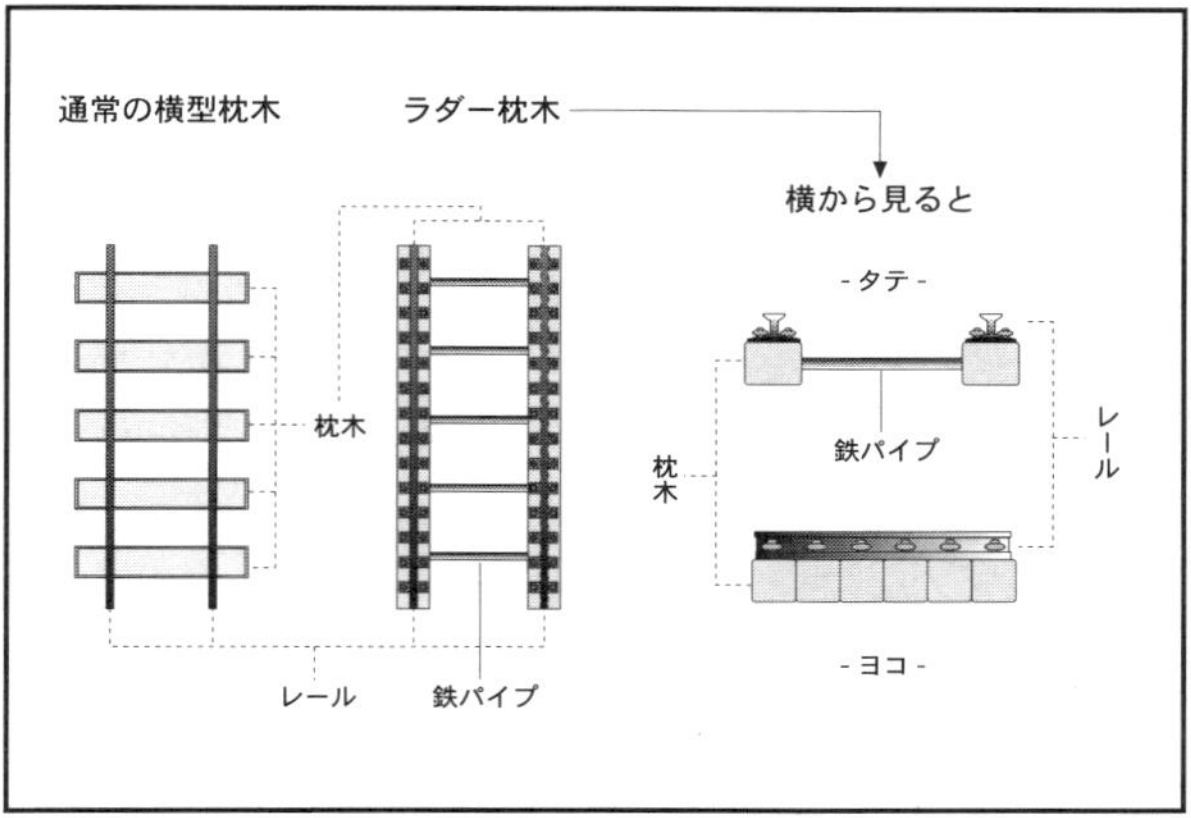

通常我々が目にする横型枕木と、縦型（ラダー）枕木の構造のちがい

ることをご存知だろうか。

今まで主流だった、バラスト（ジャリ）で道床をつくり、横枕木で固定したレールは見かけより狂いが生じやすい。ジャリは凸凹がある分、レールや路盤と完全に密着しているわけではない。つまり、点で車重を支えているので年月とともに沈んでしまうのだ。さらに、横向きの枕木はレールとの接着面が少ないため、レールが車圧や温度上昇で延びようとするのを耐えることができない。だから、調整のために年に１、２回の補修工事が必要だという。

しかも横型枕木は、前述のような理由で線路と道床とに隙間が大きく、そういう箇所を車両が通過すると衝撃が発生しやすい。衝撃が発生するということは、騒音も大きくなってしまうことになる。

これに対して縦型枕木は、点でなく線で支えるため、列車の重さが分散される。これなら狂いが生じにくく、騒音も少ない。縦型枕木が理想的だということは1960年代から認識されていたが、サイズが大きくなり過ぎることや、左右の枕木同士をどうやってくっつけるのかなどという問題があって、なかなか実用化できなかった。

この縦型枕木を開発したのは鉄道総合技術研究所。コンピュータを使った設計で、軽くて強度の高い構造を実現した。設置費用は2～3割増しになるが、補修工事が5年に1回程度ですみ、維持費は大幅に減るという。

今回、開発された縦枕木は長さ25メートルのコンクリート製の角柱2本をつないでその上にレールを敷く。3メートル間隔で左右の枕木をつなぐ鉄製パイプが横渡しされているため、「はしご（ラダー）」にたとえて「ラダーマクラギ」と名づけられた。

レールの下の一見無造作なジャリは、十分手のかかったスグレものだった!?

いわゆる「線路」とは、厳密にいうと「レール」、「枕木」、「道床」、そしてそれを支える「路盤」の総称のことだ。ジャリは、このうちの「道床」にあたる。それぞれの役割としては、枕木はレールにかかる車重を道床に平均に伝え、道床はレールと枕木を均一に支えつつ、またそのふたつからの荷重を広く分散させて路盤に伝えるというもの。つまり、みんなで力を合わせて支え合い、ひとつの車輪あたり7トン程度はかかるという列車の重みに耐えているわけだ。

道床に求められるのは、丈夫さ、排水性、寒冷地での対凍結性能、軌道の狂いを修正するために必要なある程度の可動性など。そこで、クッションになり、水はけがよく、修正がきく材料である砕石やジャリが選ばれているのだ。丈夫で摩耗しにくく、雨ざらしでも変質せず、しかも安価なのも利点。以前は各地の河川のジャリが使われていたが、最近では山から切り出した岩石を細かく砕いた砕石や、溶鉱炉からの副産物である鋼さい（スラグ）を適度な大きさに砕いたものが使われている。砕石の長所は、角がとがっているのでそれぞれがガッチリと組み合わさり、積み上げた時に崩れにくいことだ。

道床は全体の断面が台形になるよう積み上げられ、厚さは条件によって20～25センチ程度に調整される。無造作に敷かれているようだが、列車の通過で動かないようにレールの部分は強固に突き固められ、逆に枕木の中央部は単にバラ撒いて「遊び」を設けてあるなど、細部まで抜かりのないつくりになっている。なぜ「遊び」が必要なのかというと、これは全体的に固くしすぎると、列車の重みで枕木が沈下してレールが傾くため、重量をうまく分散させるのが目的だ。

道床は沈下もするし、路盤内に食い込んだり、摩滅が起こったりするので補充・交換のメンテナンスも必要。見かけよりずいぶん手がかかるもののようだ。

日本最長52・75キロの超ロングレールがある日本一温度差のない場所とは？

列車に乗っていてガタンガタンと揺れるのはレールの継ぎ目、「遊間」があるから。遊間は炎熱下レールが膨張することを考えて開けられるもので、日本でも1872（明治5）年の鉄道創業当時から、約6ミリの遊間を設ける決まりになっている。

だが、継ぎ目板で接続した遊間部分は、レールそのものにくらべ約30パーセントの強度しかない。もし遊間をなくすことができれば、強度が上がるのはもちろん、音と振動の両面で乗り心地もよくなる。さらに、キッチリ遊間の長さを測ってボルト留めするような手間もなくなり、設置工事も一気に簡便化できるなど、いいことずくめなのである。そのため、継ぎ目のないロングレールを開発することは、世界の鉄道関係者がかねてから取り組んできたテーマだったのだ。

日本でも大正時代からレールの長尺化の研究が進められていたが、1931（昭和6）年には24メートルのレールができて長崎本線で採用。戦後になって1953（昭和28）年には、200メートルのロングレールも開発されている。このレールが熱によって膨張した場合はどうするのかというと、前後を普通レールで挟み、その遊間で伸縮調節をおこなう「緩衝レール」という方法が取られていた。

現在では、なんと全長52・75キロという「スーパーロングレール」も開発されている。そんなに長くして大丈夫かと思わず心配してしまうが、このレールのある場所は夏と冬の温度差がわずか4度しかない。北海道と本州をつなぐ青函トンネルがそうだといえば納得もいくだろう。

こんなに長いレールをどうやってトンネルに入れたのかというと、まず短いレールを敷きつめて、後で溶接すればいい。一見面倒なようだが遊間を計算しつつ設置工事をおこなうのにくらべれば、はるかに楽なのである。

ちなみに海外ではどうなっているのか。おとなり中国にも1999年に上海～南京間で、なんと104・6キロのレールが敷かれたという情報がある。日本のスーパーロングレールのおよそ2倍の長さ。中国ではさらに長い300キロ級のレールの建設も予定しているそうで、なんともスケールの大きい話ではある。

こじ開けるには30～40キロの力が必要⁉ 圧縮空気が使われるドアの開閉

プシューッと音をさせて開く電車のドア。かけこみ乗車などで、悪いと思いつつも無理やりこじ開けた経験のある人もいるかもしれない。これがけっこう重いものだ。このドア、いったいどんなしくみになっているのだろう。

音からわかるように、ドアの開閉には空気が使われている。エアコンプレッサーで圧縮空気をつくって蓄えておき、その力でピストンを押して機械を動かすのだ。この機械の中には大小ふたつのピストンが入っており、大きいほうを押すとドアが開き、小さいほうだと閉まる。

ドアを閉じる力は走行中の安全を考えると大きいほうがいいが、手や荷物が挟まってしまうことなどを考えると、人力で対抗できるくらいでないといけない。そのため約30～40キロのものを持ち上げる程度の力に設定されている。開閉用それぞれのピストンの大きさが異なるのはこのためだ。

では、ものが挟まった時にそのドアだけ開くことがあるが、ドアはひとつずつ操作できるのだろうか。これには専用の「再開閉スイッチ」が使われる。駅員がスイッチを押すときちんと閉まっていないドアをセンサーが感知し、自動的にそのドアだけを開閉するわけだ。ラッシュ時などにいちいち全部のドアを開けていたら、いつまでも発車できないだろう。万が一乗客を挟んだまま車両が発車してしまった場合も、駅員側の判断で非常ブレーキがかけられるようになっている。

ところで、都内などでおなじみの両開きドアは片方のドアだけを機械的に動かしている。その動きを連接棒やベルトで、もう一方のドアに結びつけて動かすわけだ。こじ開けようとした時に重いと感じるのはこのためで、片方のドアだけを動かすつもりで手で引っぱっても、実は両方のドアを相手に格闘していることになるのだ。

カーブでは車体を傾けてスピードアップ！「振り子式車両」変遷史

カーブの多い日本の鉄道のスピードアップは、直線の最高速度を上げるより、速度を殺さないコーナリングを目指したほうが効果は高いといわれる。

カーブを速く曲がるには、遠心力に車体が振り回されないことが重要。そのため鉄道のレールには、競輪場のバンクを思わせる「カント」と呼ばれる傾きがついている。だが、特急から貨物まで多様なスピードの列車が走るので、速い特急になるとカントの傾きだけでは十分に遠心力をコントロールしきれない。その足りない分を車両のほうで傾けるのが、「振り子式車両」だ。

振り子式車両には3つの方式がある。1973（昭和48）年に381系電車で初めて採用されたのが「自然振り子式」。これは、台車と車体の間にシーソーのような振り子があるだけの、きわめて原始的な構造だ。直線からカーブに入った時の遠心力にまかせて車体上部を振る。この構造ではタイミングが遅れがちになったり、振り子にストッパーが付けられないので揺れっぱなしになってしまい、乗客が酔いやすくもあった。それでも当時、中央西線の特急「しなの」などに投入され、名古屋～長野間のスピードアップに役立ち、現在も伯備線「やくも」などで活躍している。

ふたつめは「強制振り子式」。これはカーブに入ると油圧装置などで機械的に自ら傾ける。タイミングが遅れがちだった自然振り子式にくらべ、カーブに差しかかった時に台車の動きを察知して反応するのが利点だ。

最新の「制御振り子式」は強制振り子式の一種ともいえるが、いつも同じ区間を走る鉄道の特性を活かして、区間内のカーブのデータをコンピュータにインプットし、それに基づいて自動的に車体を傾けるもの。JRになってから、JR四国8000系特急電車や2000系特急電車などが採用している。

新幹線の鼻の部分がデビュー以来長く鋭くなっているのはどうして？

実際に英語では「ノーズ」というが、新幹線の先端部分は人間の鼻にどこか似ている。丸いライトと相まった全体像は、顔にたとえられることも少なくない。

1964（昭和39）年にデビューの0系「こだま」の頃は平べったい顔つきだったが、以来、1985（昭和60）年の少し長くなった100系、1990（平成2）年の凹凸を少なくして先鋭化した300系「のぞみ」、1997（平成9）年の時速300キロ営業に対応し、超ロング化された500系と、「鼻」は、どんどん長くなっており、顔つきそのものも鋭角的に研ぎ澄まされてきている。

乗り物にはルックスも大切とはいえ、この改良にはちゃんとした意味があるのだ。先頭部を改良する場合、次の3つの要素の低減にテーマが置かれる。まず、速度の2乗に比例する空気抵抗。同じくほぼ6乗に比例する騒音。それに「トンネル微気圧波」である。これは列車がトンネルに突入した時の圧力波が、トンネルの中を伝わって反対側から放射され、ドーンという音とともに付近の家の窓ガラスなどを振動させる現象で、速度の3乗以上に比例する。これら3つを低減するには、車体先頭部の形

０系から700系までがズラリと並んだＪＲの新幹線の横顔

状や断面積が小さければ小さいほどいい。だからといって、ただ尖らせるのが効率的かというとそうでもない。車体下方の空気の流れ方によっては車体が浮き上がってしまうし、限られた大きさの新幹線では、先端部分にも機械を入れる余裕が少しでもほしいなど、その研究の奥深さはまるでＦ１さながらである。

先頭形状の研究は、模型に風を吹きつける風洞実験や、コンピュータシミュレーションによって進められる。風洞実験でいろいろなかたちの模型を調べると、０系のように出っ張りや窪みがあるものより、「のぞみ」のような凹凸の少ないほうが、さまざまな点ですぐれていることがわかる。

これらの実験の結果に、さらにデザイン

的要素を加えて設計はおこなわれる。こうして完成したのが、鼻の部分が長く鋭い700系だ。このように、今後も新幹線のデザインはどんどん変わっていくのだろう。

新幹線は一定以上速度が出ない？運転手は加速だけでいいというハイテク

高速の新幹線は「ATC」というシステムによってコントロールされているとニュースなどでもよく報道されているが、具体的にはどんなものなのだろう。

「ATC」とは「Automatic Train Control」の略で、日本語にすると「自動列車制御装置」。だが、より正確には「列車速度の制限装置」といったほうが適切だろう。

高速で走る新幹線では、運転手は地上の信号を見ることはできない。だから信号は線路脇に置いてあるわけではなく、「停まれ」という電流信号がレールを通して直接運転席に伝えられる。しかもこのシステムはブレーキとも直結しており、設定された速度以上になると自動的にブレーキがかかるようになっている。このシステムのため、運転手はスピードを上げることが主な仕事ということになる。

この設定速度は、先行列車の位置や進路条件などによって変更される。また、信号機と信号機の間にはひとつの列車しか走れないようにもなっているから、正常に作動している限り極めて安全性の高いシステムだといえるだろう。

　そしてATCはいきなり新幹線を急減速させるわけではなく、最高速度から段階を追って減速させることが可能だ。現在の信号は、時速270キロの300系で、270キロ、230キロ、170キロ、120キロ、70キロ、30キロの信号がある。この速度以上は運転手がいくら頑張っても加速できないスピードリミッターになっており、誤動作を防ぐ意味もある。

　なお、この他3種類の停止信号がある。それには運転手が確認ボタンを押せば30キロ以下で進める01信号、進むことのできない02信号、万が一駅停止ミスを犯した場合、非常停止させる03信号だ。新幹線ほど高速で動く乗り物は、ここまで完璧な速度コントロールシステムがあればこそ、安心して乗れるのだ。

上越・東北より雪が少ないはずの東海道新幹線がいつも雪で遅れる理由は？

　冬に雪が降ると遅れが出る東海道新幹線。いつも雪害に悩まされるのは関ヶ原から米原付近だが、積雪量は多くても50〜70センチ程度だ。一方、豪雪地帯の上越新幹線越後湯沢付近では最大積雪量は4メートルに達することもあるが、雪が理由で遅れることはほとんどない。東北新幹線も同様だ。東海道新幹線と雪国の新幹線とでは、どんな違いがあるのだろう。

開業したばかりの頃の東海道新幹線では、降雪時にジャリ（バラスト）が線路外に飛び出したり、電車の床下機器や窓ガラスの破損が相次いだ。これはなぜかというと、高速走行で列車が沿線の雪を舞い上げ、また風圧による気圧差で車体に雪が付着することが原因だった。雪のない地域に新幹線が入ると温度が上がるから、雪は溶けて塊となって線路に落ちる。高速で走る新幹線から落ちた雪塊には猛烈な加速がついているので、床下機器や窓ガラスを壊したり、ジャリを飛ばしてしまっていたわけだ。

この事態を完全に解決するには、降雪地帯全域をトンネルにするか、降った雪を全部溶かすしかないが、もちろんそうもいかない。そこで現在では徐行したり、関ヶ原地区を中心にスプリンクラー約４３００個を設置して１時間に約５ミリの水を撒くことで、雪が舞い上がるのを防いでいる。さらに、車体への雪の付着状況を米原と京都のホーム下にあるカメラでモニターし、必要な場合は名古屋か岐阜羽島、新大阪で雪落とし作業をする。この作業は以前はホームの下に人が入って棒でかき落としていたが、最近はドイツ製のケルヒャーと呼ばれる高温高圧洗浄機が導入され、30度以上の温水を吹きつけて溶かすようになった。だが、それでもこの作業や徐行のために、雪が降るとダイヤに遅れが出るのだ。

この反省から上越・東北新幹線では、まず電車の構造を変えた。床下にあった機器を内部に収容するボディマウント方式に変更し、高速でも自力で雪を除去できるように前部スカートにスノウプラウという雪かきをつけたり、コンクリート道床の採用でバラストをなくしたりしている。

さらに、雪をなくしてしまう方法がとられた。すなわち、コンクリート道床に1時間に40ミリという大量の湯をスプリンクラーで撒き続けて、積もらせないようにするのだ。この他、山間部のトンネル間はシェルターをつけるなど、万全の対策をとっている。このため上越・東北新幹線では、雪による遅れはほとんどないのだ。

黄色い「新幹線のお医者さん」!? 君はドクターイエローを見たか?

黄色い新幹線を見たことがあるだろうか。いやいやふざけているわけではない。実際に路線を走っているのだが、乗客を乗せないこの新幹線は、なかなかお目にかかれないのだ。ちなみに正式名称は、新幹線電気軌道総合試験車といい、通称「ドクターイエロー」と呼ばれている。さまざまな設備の状況を走りながら測定するのが目的で、

700系ベースの「新型ドクターイエロー」。黄色いアヒルのような顔つきがユニーク

いわば「新幹線のお医者さん」というべき役割なのでこの名がついたのだ。

軌道構造には、定期的な点検が必要。これには実際走ってみなければわからないことがある。その上新幹線の場合は非常に長い区間を連続的に測定しなければならない。そこで、新幹線と同じタイプの車両のドクターイエローが必要になるわけだ。

２００１（平成13）年までのドクターイエロー「Ｔ２編成」は、０系をベースにしたデビュー４半世紀のベテラン。通常の新幹線では車輪のついた台車が１車両あたりふたつだけだが、ドクターイエローの場合は、５メートル間隔で３つの台車を装備している。時速２１０キロで走行し、これらの相対的な位置から軌道の形状を測定するわけだ。しかし、時速210キロでは他の列車に比べてあまりに遅すぎ、運行のじゃまになるので、東海道新幹線では夜間しか活躍の場はなかったのだ。

そこで、新たに700系をベースに時速270キロまでの計測が可能な「新型ドクターイエロー（T4編成）」が開発された。これは通常の車両と同じ2台車方式で、レーザーによる基準線、軽量光式レール変位検出装置、レーザージャイロ装置などの新技術が導入されたスグレモノなのだ。

というわけで、昼間も活躍できるようになったドクターイエロー。きっとこれで、目にする機会も増えるだろう。

浮いている、車体に電気を送らないリニアモーターカー究極のメリットとは？

未来の超特急として期待されているリニアモーターカー。実験線では時速500キロを軽く超えているなど実用化が待ち遠しいが、なぜそんな高速で走れるのだろう。一口にリニアといっても浮上式とレール式があり、レール式はすでに一部の地下鉄で実用化していることは第1章で触れた。ここではいくつかある浮上式のうち、JR鉄道総研の「超伝導リニア」についてみていこう。

超伝導とは、ある物質を超低温にした場合、電気抵抗がゼロになる現象のこと。抵抗ゼロだから、超伝導磁石に１度電流が流れると、永久に流れ続け、強力な電磁石になる。つまり、車両に電気などのエネルギーを与える必要がない。ＪＲでは、液体ヘリウムでマイナス２６９度に冷却した超伝導磁石（ニオブチタン合金を銅の心材に埋め込んだもの）を永久磁石として車体に装備している。そして、車両が走る凹型のガイドウェイの両壁や床にも、電磁石がビッシリと並んでいる。

走行の原理は、まずガイドウェイ側の磁石に電気を通してＮとＳ、両方の磁界を発生させる。車両側とガイドウェイ側の磁石の間には、引き合う力と反発する力とがともに起きるが、ガイドウェイ側の電流を絶え間なく変化させることで車両を前進させることができるのだ。

この方式では強い磁力が生まれるため、多くのメリットがある。スピードが増してくると、床部の磁石により車体は10センチ程度浮上する。浮上すれば摩擦がなくなるから、加速も停止もムダがなく、高速運転にも対応が可能なのだ。仮に現在の新幹線が時速５００キロを出すことができても、ブレーキをかけてから完全に停止するまでそうとうな距離が必要になってくるだろうが、リニアモーターカーにその心配はない。

また、脱線することもあり得ないし、何かが接触するわけではないから、ガイドウェイのメンテナンスも至極簡単である。

つまりリニアモーターカーは、高速運転にとってはいいことずくめなのだ。車輪とレールのスリップを考えなくてもいいので、理論的にはいくらでもスピードを上げることができることを考えれば、まさしく夢の超特急だといえるだろう。

信号の色は最初、イギリスでは赤・黄・緑でなく赤・緑・白だった!?

信号は鉄道用がオリジナルで、道路用は後発のものだということをご存知だろうか？ ちなみに「止まれ」が赤、「注意」が黄色、「進め」が緑なのは、鉄道・道路問わず、世界共通のルールだ。

だが、鉄道発祥の地イギリスでは、最初は違っていたらしい。何色がもっとも遠くから見えるのかを実験で何度も調べたところ、結果は、白・赤・緑の順だった。そのため、赤が「止まれ」、緑が「注意」、白が「進め（無難）」になったのだ。ところが、赤や緑は色ガラスが何らかの理由で壊れると、光源の白色しか見えず、白信号に間違われる恐れがある。しかも、電灯の普及で街灯や民家の灯りが増えたため、白はそれらとまぎれやすくて危険だということもわかってきた。

それで緑を「進め」に変えることになり、現在のスタイルが定まった。このスタイルが各国の鉄道信号に広まり、やがて道路信号にまでとり入れられていったのだ。

また、日本では「青信号」というが、これは日本人が古くは緑と青をあまり区別していなかった名残である。最近は街中の道路信号も完全な「青」のものがほとんどだが、鉄道規則などには「緑」と明記されており、実際に信号も緑色をしている。もちろん英語圏では「グリーン」であり、「ブルー」とは決していわない。

なお、日本の鉄道では「黄色」もなく、省令では「橙黄色」になっている。わかりやすくいえば「だいだい」色だから、「イエロー」より「オレンジ」のほうが近いだろうか。ただし、英語では「イエロー」という。このへんは国民性の違いが出ていてユニークだ。

運転開始のかけ声「出発進行！」よく聞くけど、いったいどういう意味？

運転開始のかけ声としておなじみの「出発進行！」。白手袋の運転手が右手で前方を指差して高らかに発声すれば、乗っている側の気分も盛り上がるというものだ。だがこの「出発進行」という言葉は、よくよく考えてみると意味がわからない。「出発」

も「進行」もわかるのだが、「出発進行」とは何だろう。何気なく聞いていればどうということもないが、ひとたび考えだすと気になってしまう。

実は「出発進行」とは、「出発信号」が「進行信号を現示」しているという意味。出発信号とは、駅構内から列車を出発させるための信号で、進行信号とはそれが青だということだ。日常的な言い回しに直訳すれば「信号青！」ということになる。だから、「出発進行」コールがあっても、発車時刻前なら少し待っている場合もあるのだ。

また、青と黄色が同時に点灯し、時速65キロから75キロに制限される「出発減速」や、駅構内専用の場内信号機が青の「本線場内進行」などのバリエーションもある。

なぜいちいちこういったかけ声をかけなければならないかというと、鉄道会社の規定で、信号・標識などの認識効果を高めるため。何がどういう信号や指示を示しているかを指差しとともに声に出して自分の心に強く焼き付けるのだ。この、いわゆる「指差し確認」は、心理学的にも認識の度合いを強くするのに役立つという。

軟弱地盤のトンネルを掘る最新技術はフナクイムシの木の食べ方が参考⁉

大都市に地下鉄のトンネルを掘る場合、後発線はそれまであった路線の下をくぐらなければならず、その分深く掘ることが必要だ。こうなると、従来の地表から真下に向かって掘り進んでいく開削工法は技術的に難しい。そこで、シールドマシンを使った「シールド工法」の出番になってくる。

シールド工法は、もともと軟弱地盤にトンネルを掘るために開発されたもの。シールドと呼ばれる鋼鉄製の円形の筒を土の中に押し込みながらその先端部を使って掘り進み、あらかじめ工場で製作されたセグメントと呼ばれるトンネルの土台とでもいうべき部分をその後につくっていく。さらに浸水の防止や内面の円滑化などで必要な場合は、その内側にコンクリートを施工することもある。

シールドマシンはこの一連の作業を自動的におこなう機械なので、危険な地下作業が人手もあまりいらずに進められるのも利点だ。シールドの先端は、カッターのようになっていて、ゆっくりと回転しながら土砂を削っていく。その後ろにはシールドを推進させるジャッキが置かれ、さらに後ろにはセグメントを組み立てる装置や、土砂を運搬する装置、機械の操作室などがズラズラと並んだ大規模なものだ。

工法には、掘った面の湧水を抑えるためにシールド内の気圧を上げて掘る「圧気シールド工法」、掘った面に大量の水を送って土砂を泥水化し、パイプでそれを排出する「泥水圧気シールド工法」、土自体に水が含まれた軟弱地盤では、シールド前面を密封して圧力で泥を押し出す「土圧バランスシールド工法」などがあり、これらはいずれもコンピュータで制御されるので精度は高い。

なお、シールドとは「盾」のこと。フランス人マーク・ブルネルが1818年に考案した工法だ。

ブルネルは、フナクイムシが歯で前面の木材を食い切り、開いた穴を身体で一時的に支えながら分泌物で固めて掘り進んでいくのを見て、このアイディアを思いついたそうだ。確かに掘り進む様子はよく似ている。

上から掘って後でまた埋める⁉ 地下鉄の主流だった「開削工法」

地下鉄のもっとも一般的な工法として、古くからおこなわれているのが「開削工法」。これは地上の建物と同じように複雑な構造をつくることができ、また経済的なので、地下鉄の他、地下駐車場、地下共同溝などに広く利用されてきた。

開削工法は技術的には至極単純。地表からトンネル本体に必要な分の溝を掘り、トンネル本体をつくってから地表部分だけを再度埋め戻すだけだ。地下鉄というとモグラのように掘っていくイメージがあるが、長い間、主流はこっちだったのだ。

まず掘った穴をまわりの土が埋めてしまわないように「土留め工」をして少し掘削し、工事中の道路交通のために道路面に「覆工板」という鋼板を敷く。これは見覚えのある人も多いだろう。それから、「支保工」というつっかえ棒をしながら決まった深さまで一気に掘り、必要な空間をつくりあげてしまう。掘削は埋設物がある地表付近では人力で丁寧に、その後は機械でおこなうのが普通だ。必要な空間ができたら鉄筋コンクリートのトンネルを中に入れ、最後に埋め戻して路面を修復して工事は終わる。地下にはさまざまなライフラインが通っているので、それを保護する作業もかかせない。

初期の地下鉄は道路の下を通っていたので、開削工法が主流だった。しかし最近の地下鉄では、すでにある路線の下をさらに深く掘る必要があり、道路以外のところを掘らねばならないことも多い。こうなると立ち退きのための時間と費用が膨大なものになってしまう。道路上を掘る場合でも、交通渋滞、騒音、振動などの問題は多い。こうした理由で、従来主流だった開削工法が用いられることは少なくなり、機械化、自動化が進んでいて、深いところも掘れる「シールド工法」（Ｐ２１２）が主流になってきた。

それでも、複雑でしかも広い空間が必要な駅などを掘る場合には、この工法がまだまだ活躍しているのだ。

名前は長くてのびそうでも構造は強固!? 新幹線の高架などで活躍するラーメン橋

鉄道が川や谷などを越えるとなると、ほとんどの場合、橋を渡らなくてはならない。橋の分類には、用途や材質、足場をかける位置、動くかどうかなどによってさまざまな分類があるが、橋桁の構造から分けると、もっともオーソドックスで建設費も安い桁橋（ガーダー橋）、骨組を三角形に組み合わせた鉄道橋に多く使われるトラス橋、深い谷など橋脚をつくるのが難しいところにつくるアーチ橋、美しい斜張橋や吊り橋、そして、ラーメン橋などがあげられる。それぞれ長所と短所があるから、構造は用途や長さ、建設費などに応じて選ばれる。

ネーミングがおもしろいラーメン橋だが、中華ソバのラーメンとはまったく関係ない。ドイツ語で「鋼接骨組」の意味で、橋そのものと橋脚とを強固に組み合わせて一本化させた構造の橋のことだ。たとえていえば、固い1種類の材質でつくった目の荒いクシを横から見たかたちというところだろうか。クシだとちょっと弱そうだから、ブロックといっておこう。

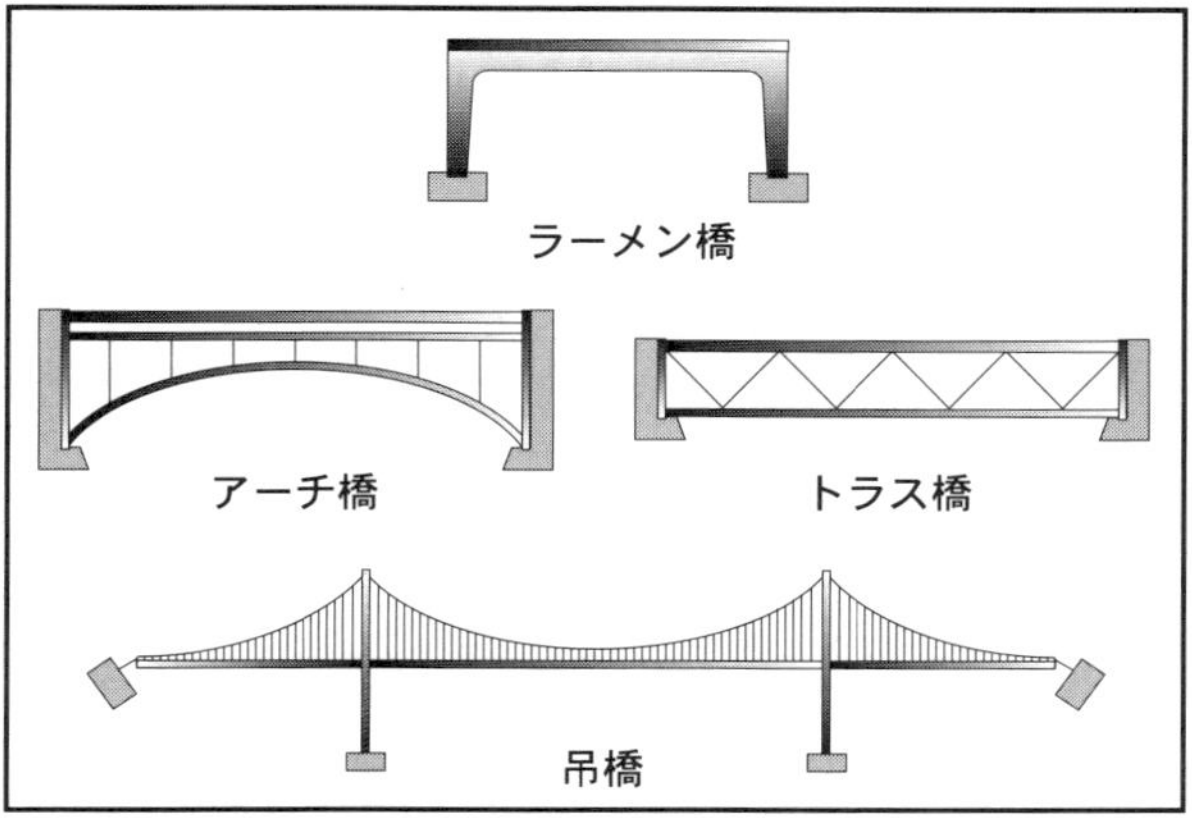

さまざまな橋の構造。継ぎ目のないラーメン橋は頑丈さが自慢

材質は鉄のものも鉄筋コンクリートのものもあるが、継ぎ目のないひとかたまりの物体だから、いずれにせよかなり頑丈だ。新幹線の高架や高速道路をまたぐ橋などに使われているので、注意して見てみるといい。ただし、費用もかなり高くつくため、そんなに一般的な工法ではない。

また、建物にも「ラーメン構造」があるが、壁と屋根とが一体化している点では同じだ。

交通事情やお国柄を反映？ユニークな車両サービス

旅行などで外国の鉄道に乗る機会が多い人にとって、興味があるのはスピードやメカニズムより、どれくらいサービス面が充実しているかという点だろう。また、車両内の食事やシャワー、ベッドなどは、旅をするうえで最大の楽しみのひとつでもあるはずだ。

日本の新幹線はシーズンを除けば、旅行より仕事での使用頻度が高い。こうした理由から若干サービスはおとなしめだといえる。これに対して同じ高速鉄道であっても、ジェット機感覚で国境をいくつも越えていくフランスのＴＧＶやドイツのＩＣＥでは、早朝には朝食がサービスされたり、各シートごとにＴＶモニターが搭載されているなど、そのサービスも航空機に近いものだ。

お国柄や交通事情を反映し、ユニークなもの数多い。中国の北京〜香港（九龍島）間２６００キロを走破する京九鉄道の自慢は携帯電話の充電サービスだ。乗車時間が28時間以上という長丁場に及ぶこの鉄道では、こうしたサービスが欠かせないのである。

第7章

苦労と笑いに彩られた
鉄道150年史のおもしろエピソード

鉄道建設資金借り入れのウラに潜んだ「ナイト・ネルソン」のワナとは？

維新後間もない1869（明治2）年、鉄道建設が御前会議で決定された。とはいえ旧江戸幕府からの財政赤字に悩まされていた日本政府には、この大事業に耐えるだけの経済的余裕はない。そこで、外貨の借り入れによって鉄道建設資金を得ようと、政府の要である大隈重信、伊藤博文らは、イギリス公使パークスの紹介で、当時日本に立ち寄っていた元清国総税務司、イギリス人のネルソン・レーのもとを訪れた。

富豪の友人がいるから、というネルソンの言葉を信じた日本政府は、年利1割2分、返済期間は1873（明治6）年からの10年間という内容で鉄道建設資金300万ポンドを借り入れることに決定した。

ところが後日、イギリス誌「タイムズ」の記事を見た官吏が、慌てて大隈にその内容を知らせた。なんとそこには、「ロンドンで日本の鉄道建設のための公債を公募する」という記事が載っていたのである。「『日本帝国政府海関税抵当公債』募集。利率は9分」とあった。つまりネルソンは、最初から自分の金を貸すつもりなどなく、公債を売り出し、残り3分の利ざやを稼ごうとしたのである。これには大隈も飛び上がって驚いた。こんなことは聞いてはいない、約束が違うではないか！　というわけだ。確かに公債を売り出すことについて大隈らは認めていなかったのだが、文書で交わした約束というわけではなく、彼らの認識が甘かったことも否めないだろう。

日本の政府要人の中には、公使館内に宿泊していたネルソンを疑う者はなく、さらに彼の名刺には「ナイト・ネルソン」と記されていたため、ナイトというからには軍人に違いない、ネルソンという家名は大提督ネルソンの縁戚なのであろう、と盲信してしまっていたのである。しかし実際のところ、ナイトはただの称号で、信頼の置ける人物かどうかに関係はない。さらに、公使館に滞在していたのは単に他に身を寄せる適当なところが見つからなかったからだということも、ネルソンがありふれた姓だということも、のちに明らかになった。

とにかく、この契約を白紙に戻さなくてはならないと、伊藤は懇意にしていたイギリスのオリエンタル銀行横浜支店を訪ねた。同行が新たな借款の代理人になり、契約解除の事務も代行してくれることで、ようやくこの問題は解決したのであった。

大隈がのちに「当時は外債というものの本質もよくわかっていなかった。ローンということばの意味すらわからなかった」と述べているように、明治政府自体がまだ発足したばかりで、外交に関してあまりにも無知な点が多かったことがうかがえる。

日本で初めて輸入された機関車は現役引退後東京〜九州間を往復した!?

わが国初めての鉄道が新橋〜横浜間で華々しく開通したのは、1872（明治5）年のことである。この時、明治天皇をはじめとする要人を乗せた蒸気機関車はイギリス製で、バルカン・ファンドリー社の4輪連結タンク機関車と呼ばれるものだった。鉄道開業に合わせて日本が購入した車両は計5型式10車両で、そのうちの1型式がこの開業第1号の栄誉を担ったのである。

さて、これら5型式のうちのひとつが、現在東京・秋葉原の交通博物館で保存展示されているのをご存知だろうか？

開業第1号列車そのものではなく、1B型タンク式型式150と呼ばれる車両がそれである。通称は「1号機関車」と呼ばれているが、これは輸入されたのが1番早かったという意味だ。実はこの車両、現役を引退した後に東京と九州を往復したという数奇な運命の車両でもある。

1号機関車が国鉄での40年近い勤めを終えて廃車となったのは、1911（明治44）年のこと。その後、九州の西端を走る島原鉄道にわずかばかりの価格で払い下げられ、

鉄道博物館（旧万世橋駅）開館時の１号機関車。現在の秋葉原駅近く

九州の地でも活躍した。

この車両は島原でも大いに愛された。だが、関東大震災の被害で陳列品のほとんどが焼失してしまった交通博物館（当時は鉄道博物館）の、１９２５（大正14）年の再建にともない、歴史あるこの1号機関車がどうしても必要になってきた。博物館側は島原鉄道に交渉したが、なかなか話がまとまらない。東京から遠く離れた島原では、1号機関車はいまだバリバリの現役であったのだ。けれども、鉄道省の熱意ある交渉に、ついに当時の島原鉄道社長であった植木氏も折れ、返還に同意する。その時の条件は、「新機関車1両と交換」というものであったから、いかにこの車両を島原鉄道側が重視していたかがわかるだろう。

こうして1936（昭和11）年、鉄道博物館に移された1号機関車のタンクには、「惜別の感無量なり、涙をもって送る、島鉄社長、植木元太郎」としたためられた札がつけられていた。

この植木社長の惜別の言葉は、現在も1号機の銘板となって、車体の腹部に掲げられている。

日本で最初の時刻表は○時ではなく○字と表記していた？

列車での旅で必需品となるのが時刻表。現存する日本最古の時刻表は、1871（明治4）年11月8日という、まだ日本に鉄道がない頃のものだ。これは試験走行時の時刻表であるためで、区間は品川〜横浜間だった。

1872（明治5）年6月12日にこの路線は仮開業するが、同時に鉄道寮では、『鉄道列車出発時刻及賃金表』を駅構内に貼り出した。営業開始後としては、これが初めての時刻表ということになる。

仮営業だけに、時刻表といっても1日に走る列車は往復でたったの2本しかない。ほとんどが空白の表には、上りが「午前8字」と「午後4字」、下りが「午前9字」

と「午後5字」の文字が踊っている。注意してほしいのは「時」ではなく「字」の文字があてられていることだ。

どうして「時」ではなく「字」が使われていたのだろうか？

その秘密は当時の暦にある。列車開業当初は太陰暦（旧暦）が用いられており、太陽暦（新暦）が採用されたのは、同年の12月3日を1873（明治6）年の元旦とした時から。それまでは時法も現在とは異なっていたのである。2時間を1刻として、時間の区切りはせいぜい4半刻（30分）まで。1分というような細かい時間の感覚は、この頃の日本人はまだ持っていなかったのだ。

ただ、江戸時代の末期から諸外国との交渉をおこなうため、段階的に西洋の時刻制度を取り入れつつはあった。幕末の1862（文久2）年には、外国奉行が西洋時間の1時を「西洋第1字時」と記した文書が残っている。これは、「西洋の第1番目の数字の時刻」という意味であてられたものだ。この「字」をあてるという処置は、明治政府にも暫定的に引き継がれていた。

イギリスの技術を注いで建設された当時の鉄道では、西洋の時法が時刻表に取り入れられた。しかしその表記法は幕末から変わらぬ「字」のままだったというわけである。

本州の鉄道はイギリスによって技術先導されたが北海道ではアメリカ式が導入されていた!?

陸蒸気《おかじょうき》と呼ばれた新橋～横浜間の日本初の鉄道。この車両がイギリスから輸入されたものであることは前述したが、それだけではなく、イギリス人がレールを敷いて、運転もおこなった。いわば、純イギリス製の列車が日本で走ったのだ。

日本の鉄道がイギリスのそれをお手本にしたことはよく知られている。だが、鉄道開業からわずか3年後の1875（明治8）年に北海道の小樽～札幌間で走り始めた鉄道は、なんとアメリカ製の車両だった。

当時、北海道では鉱物資源の採掘が進んでいたが、幌内川上流で産出する豊富な石炭の運搬を主な目的として、幌内鉄道が開業される。この時、北海道開拓使で技術指導をおこなったのはアメリカ人だった。このことにより、北海道では7100型に代表される、西部劇に出てくるようなアメリカスタイルの機関車が走るようになったというわけだ。7100型は、輸入された順番に、「義経」、「弁慶」、「比羅夫」、「光圀」、「信玄」、「静」と、日本史上の有名人の名が付けられた。

7100型の特徴は、大型の煙突、その後ろにあるポップな鐘という、よくも悪くも大味なスタイルだ。大きなカウキャッチャー（牛よけ）にボイラーの上にはふたつのドームを備え、木製の運転室の前には大きなヘッドライトもある。まるでミッキーマウスが運転しそうな典型的なアメリカ型クラシック機関車だ。

この機関車が開拓中の広大な北海道の大地を、煙をあげながら走っていたのである。北海道の背景は本場の西部劇なさがらによく似合っていただろう。

やがて北海道開拓使制度が廃止されると、幌内鉄道は1889（明治22）年に北海道炭礦鉄道へと払い下げられ、最終的には国鉄に買収された。しかし7100型の車両そのものは、7100〜7107型と改良され、その後も北海道の新線建設工事での作業用機関車などとして活躍したのである。

初めて京都を走ったチンチン電車 安全に走行するための「先走り」とは？

日本における電気鉄道発祥の地はどこかというと、意外なことにこれは京都である。1895（明治28）年に市電が京都駅から伏見町までの6・6キロを走った。

規定によって定められた速度は時速6マイル（9・6キロ）以下。制限速度ギリギリで走ったところで、人間のジョギングと変わらないほどの速さでしかなかった。

京都市内を初めて走った市電。今見ると大きさはさほどでもない

しかし、今まで歩行者や馬車がのんびりと行き交っていた道路の真ん中をいきなり電車が走るのだから、京都の人たちも相当に驚いたに違いない。今見ると市電の車体は非常に小さいものだが、それでも馬車よりはるかに大きい。突如として道に出現したこの乗り物に、慣れない人々が好奇心で近寄ってもし巻き込まれてしまったら、それこそ大問題だ。そこで、ある対処法が採用されていたのである。

それは市電通過を告知する係を設けるというもの。当時はこの係を「先走り」と呼んでおり、14～15歳の少年が務めていた。「市電は必ずこの職についた少年を運転台に乗せていなければならない」と、当時の京都電気鉄道会社の規則にも明記してある。

鉄道会社の印半纏《しるしばんてん》を着た少年は、昼は赤旗、夜はちょうちんを掲げて、電車が街角や人通りの多いところに差し掛かると、さっそうと飛び降り、車両に5間（約９メートル）ほど先行して走る。そして、「どいておくれやす〜、電車が来まっせぇ！」と人垣を押し分けて注意をうながしたのだ。彼らの働きによって、市電は安全に京都の街を走行することができたのである。

この「先走り」は１８９５（明治28）年の市電開業当初から、１９０４（明治37）年まで約10年間続けられた。

しかし、任務にあたった少年が電車を乗り降りする際に、転落事故が頻発していた。弱年者の労働としてはかなり過酷なものであることも考慮され、ついに廃止になったのである。実際、この労務は相当厳しいものであったらしく、「先走り」を採用したのは、京都電気鉄道会社が最初で最後であったという。

かつて隆盛を誇った電鉄系の球団　鉄道と野球の深い関係とは⁉

現在、電鉄系のプロ野球チームといえば阪神タイガース、大阪近鉄バファローズ、西武ライオンズの３つである。しかし、かつては「電鉄リーグ」が構想されるほどの球団数があった。

どうしてそんなに多くの電鉄系プロ野球チームがあったのかというと、それもそのはず、日本における最初の野球チームを結成したのは鉄道員だったのである。

鉄道開通後間もない頃はまだまだ技術的な面で外国の協力をあおがねばならず、そのため多数の御雇外国人が鉄道寮で暮らしていた。そのうちの100名ほどは東京近郊にいたが、彼らが日本初の競力行業、いわゆる社内運動会をおこなったという記録がある。外国人の多くはイギリス人であったが、何人かは野球のようなものをしていたというし、鉄道会社内で早くから「社員同士がスポーツで交流を深める」という考えが根付いたのも、このことに由来するのかもしれない。

日本最初の本格的な野球チーム「新橋アスレチック・クラブ」は、こうした社内の風潮の中で誕生したチームだ。1878（明治11）年に、新橋鉄道局の平岡凞《ひろし》が鉄道員同士を集めて結成したものである。平岡はアメリカのボストン大学に留学し、帰国後に新橋鉄道局の3等技手として迎えられた優秀な人材であった。留学生活で生の野球に触れた彼は、相手が打ちやすい球を投げるという当時の日本野球との違いを実感し、野球道具一式を持って帰国、チーム結成後は自らが投手となって活躍した。

新橋アスレチック・クラブは、ユニホームを着て正式な野球道具を使用した本格的な野球チームであった。当時、和服に素手で野球をしていた日本の草野球にくらべると、革新的だったといえるだろう。さらに、1882（明治15）年には品川に専用グラウンドまでつくり練習をおこなった。そして、このグラウンドで駒場農学校（現在の東京大学農学部）と日本最初の本格的な野球試合がおこなわれたのである。

その後、各電鉄会社にも次々と野球チームが結成されていく。日本のプロ野球の創始者は元読売新聞社長であった正力松太郎であるといわれているが、すでに1923（大正12）年に阪急電鉄創始者の小林一三が電鉄リーグ構想を示すなど、その創立事情に私鉄が深く関わっていたのは、こうしたいきさつがあったからだといえるのだ。

開業当初は温脚器と呼ばれる湯たんぽが唯一の客車暖房だった

鉄道が開業したばかりの明治時代前半は、路線を少しでも延長することに全力が注がれており、乗客が快適にすごすための設備はあまり整っていなかった。

客車には暖房設備すらなく、冬に列車で旅をする人は自分で持ち込んだ毛布を膝に掛けるなどして、暖をとらなければならなかったのである。

ただし、乗車料金の高い上等と中等客車には、温脚器と呼ばれる大型の湯たんぽが備え付けられていた。座席の間に置かれたかまぼこ型の温脚器は、ブリキ製でサイズは縦75センチ、横30センチ、高さ10センチという大きなもの。中には熱湯がいっぱいに詰まっていた。乗客はこの上に履物を脱いで足を乗せ、備え付けられている毛布を掛けることによって、コタツにあたるような格好で体を温めることができたのである。

しかし、この温脚器も上等と中等客車のすべての座席にあったわけではない。1両あたりに設置してある数はわずか2～4個ほどで、自分の席に温脚器が設置してあるかどうかは運次第という状況だった。大部分の乗客は、寒さに震えながら旅をしなければならなかったのだ。

一方、海外ではどうかというと、イギリスのグレート・ノーザン鉄道が1852年に本線が開通してすぐに、やはり「フット・ウォーマー」と呼ばれる湯たんぽを採用している。日本と異なるのは貸出し式だったことで、乗客は主要な駅でこれを借りることができたという点だ。ヨーロッパの大部分では20世紀初頭に至るまで、このフット・ウォーマーが唯一の客室暖房だった。ただし、アメリカには19世紀からストーブ付き車両があったということを考えれば、各国で暖房設置が遅れたのは技術的な問題ではなかったようだ。昔は「鉄道は寒いもの」という認識が、乗客の側にあったということだろうか。

冷房のない車内で乗客を悩ませた蚊 夜行列車では蚊帳のレンタルサービスも

その一方で冷房はどうだったかというと、やはりこちらもアメリカが世界に先駆けて設置を開始していた。空調付車両がアメリカで初めて登場したのは1927年のことで、1930年には定期運用も開始されている。

日本では1937（昭和12）年7月に東海道本線「燕」で国鉄最初の車内冷房が実施された。この冷房車では、車輪の回転によって発電させる電気冷房を採用していた。そのため主要駅などで停車時間が長引くと、とたんに冷房は効果を失い、車内は蒸し風呂状態になってしまっていたのである。

実は私鉄では、これより少し前の1936（昭和11）年に、関西の南海電鉄が200系車両で冷房を取り付け始めている。自動改札などだけでなく、冷房設置においても、国鉄よりも関西系私鉄のほうが先進的だったことがわかる。

電気冷房が設置される以前はというと、1898（明治31）年頃から国鉄が、扇風機（当時は電気扇と呼ばれていた）を夏のサービスとして設置していた。しかしこれも、一部優等客車のみの装備で、この文明の利器の恩恵を受けることができる乗客は限られた数でしかなかった。

ユニークな夏のサービスでは「蚊帳」というものもある。

冷房がない夏場の車内では、暑さだけではなく、開け放たれた窓から入り込んでくる蚊などの虫も乗客の悩みの種であった。特に夜行列車では、ブンブンと飛び回る蚊のせいでゆっくりと眠ることすら難しい。かといって夏の蒸し暑い中で窓を閉め切るわけにもいかない。

そこで、革新的なサービスで知られる山陽鉄道会社は、１８９９（明治32）年８月24日から、夏季夜行列車の乗客向けに蚊帳のレンタルを開始したというわけだ。この奇抜ともいえるサービスによって、乗客は車内で安心して眠ることができるようになったのである。

最初の90年間はたれ流しだった！苦労が続いた列車トイレの歴史

わが国の列車に初めてトイレが登場したのは、１８８９（明治22）年、東海道本線においてのことである。これは用を足したものがそのまま線路に落下するという、いわゆる「たれ流し」方式であった。そして、この方式がその後約90年間も続いたのだ。

人間の排泄物が貴重な肥料として売買されていた当時、たれ流しは当然の感覚だったのかもしれないが、生活様式の高度化が進み、衛生思想が発達するにつれて、次第に問題視されるようになってきた。

列車のトイレからたれ流された糞尿は風圧で霧のように飛び散り、車窓から客車内に入り込んでしまう。さらに問題なのは、車両の床下機器や台車を検査・修繕する際は、付着した汚物やトイレットペーパーを取り除いてからでないと作業に取り掛かることができなかったことだ。そのため、汚物の飛び散りをなくそうとさまざまな工夫がされたが、列車が高速化するつど意味をなさなくなるという、イタチごっこが続いた。

理想的なのはたれ流しを一切やめ、汚物をタンクに貯蔵し、終着駅でまとめて捨てることだ。しかしかつての電車に搭載された機材はいずれも巨大であり、とても大型のタンクを設置するようなスペースなどありはしなかった。それでも１９５９（昭和34）年には東海道本線で４２０リットルのタンクが試作された。

当初の計算では東京〜大阪間なら２５０リットルもあれば大丈夫だろう、といわれていたが、この目論見は見事にはずれ、タンクが溢れかえるという悲惨な「事故」が続発したという。

のちの東海道新幹線ではこの反省から、その倍以上の容量の１１００リットルタンクが取り付けられることになった。このタンク設置のために機材配置のレイアウトまで見直したというから、たかが糞尿とはいえ、事態の深刻ぶりがよくわかる。さらにタンクの小型化を図るため、洗浄した水を消毒・脱臭して再利用する方式が１９６７（昭和42）年に新幹線車両で実用化され、関係者の間で好評を得た。

ちなみに最近の新しい車両では、空気の力で排泄物を吸い込む「真空方式」が採用されている。水を流す際に「シュバッ」と音がするトイレである。この方式は、使う水の量が少なくてすむため、大変合理的なのである。

政府高官の悲惨な事故死がきっかけ⁉ あわてて取り付けられた列車トイレ

先にも述べたように、開通したばかりの鉄道にはトイレが設置されていなかった。だから走行中に我慢の限界が来ても、その場で用を足すか窓から放出してしまうしかなかったのである。これでは不便を感じる乗客も多かっただろうが、列車の運行区間が短かったこともあり、鉄道局も、トイレの設置はさして急務と感じていなかったのかもしれない。

しかし、そんな甘い考えを払拭するような大事件が起きた。

1889（明治22）年4月27日、宮内省御料局長を務めていた肥田浜五郎は京都、大阪などを巡視するため、下り第3列車に乗りこんだ。肥田は汽車が静岡あたりまでさしかかった時についもよおしてしまい、どうにも我慢ができなくなってしまった。そして昼12時24分、藤枝停車場に車両が停車すると、あわてて下車し、駅のトイレへと向かった。

用をすませてスッキリしたのもつかの間、ホームに戻るとなんと列車がゆるゆると走行し始めてしまっているではないか。乗り遅れてしまっては大変と、急いで飛び乗ろうとした肥田。ところが、デッキから足を滑らせてしまい、列車とホームの間に転落、結局肥田は不慮の死を遂げてしまったのである。

この肥田浜五郎という人物が、生前は日本鉄道会社の創立に対して尽力していたため、この事件は問題となった。

結局、列車にトイレがなかったために招いた事態であったということで、鉄道局への風当たりも強かった。

そこで鉄道局は急遽、利用度の高い下等客車へのトイレ設置を決定し、事故の1ヶ月後には東海道線の長距離列車に取り付けた。さらに、トイレが設置してある下等客車をイギリスから輸入し、列車トイレの早期普及に努めたのだった。

政府高官の事故死が、列車にトイレを設置した直接の要因とはされていないが、設置時期を早める契機となったことは否定できないだろう。

一般公募で名付けられた特急の愛称 不況による利用者の減少がきっかけ!?

時が大正から昭和に移り変わった頃、日本は不況の中にあった。

当然、鉄道業界にもこの不況の波は押し寄せ、特に料金が普通急行の2倍もする特急列車の収益は、確実に右肩下がりの一途をたどっていた。

同じ頃、やはり不況にあえいでいた欧米諸国の鉄道会社は、「20世紀リミテッド号」や「ゴールデンアロー号」など、新しさや速さを表した愛称で宣伝活動をおこない、成功をおさめていた。当時の日本の鉄道は「第1列車」など数字で車両を表していたが、この成功例にあやかり、なんとか特急列車の人気を得ようと愛称の公募を1929（昭和4）年に始めたのである。

藁をもつかむ思いで開始された特急列車愛称の公募であったが、これが予想以上の反響をうむ。新聞でも報道されていたため一般社会の注目度も高く、各駅での募集広告に筆をとる人も多かった。応募総数は、なんと19901票にものぼった。

内容はさまざまで、応募者自身の郷土の有名な河川名や山岳名、地名などをとったものから、速さを強調した「疾風」や「稲妻」などもあった。なかには、「喜多八」と「弥次郎兵衛」、「気早の江戸っ子」など、ユーモアなのか冷やかしなのかわからず、審査員の眉をひそめさせるようなものもあったという。

厳正な集計の末、第1位は「富士（1007票）」、第2位が「燕（882票）」、第3位「桜（834票）」という結果になった。

さっそくその年から、国民に親しまれやすくて外国人にも日本的な印象を与える、第1位の「富士」と第3位の「桜」が、東京～下関間の1、2等列車と、同区間の3等特急列車の愛称としてそれぞれ採用される運びになった。

そして、速さを表現した第2位の「燕」は、翌1930（昭和5）年10月から運行が開始予定の東京～神戸間各等超特急列車用に取り置かれ、新超特急のお目見えとともに披露されたのである。

やはり、無機質な記号やお固い名称よりも、親しみやすい愛称のほうが耳に残り、利用したいと思わせる。もし、自分が列車に名称を付けるとするならば……と考えてみるのもおもしろいかもしれない。

走行時間を短縮するために「燕」が取った数々の離れワザとは!?

超特急列車「燕」は1930（昭和5）年10月に華々しいデビューを飾った。それまでにないスピードが売りものである「燕」は、東京～神戸間を9時間で走るというのが自慢だった。これは、それまでの急行にくらべて50分以上も短縮された記録だ。まさに夢の超高速列車だったのである。

時間短縮のためには機関部のパワーアップは必須だが、「スピード時代の幕開け」とまでいわれる超特急列車「燕」は、何が何でも速度を上げるため、それ以外にも数々の離れワザを実行した。

まず、給水停車による時間をカットした。線路の間に溝を掘り、走行中に給水をすることまで検討されたが、実際採用されたのは、炭水車と客車の間に、専用の水槽車を連結するという方式であった。

さらに、機関士と機関助士の交代時間のカットが実施された。かといって9時間もの長時間を、同じ人間が運転し続けるのも無理な話だ。そこで、東京を発車した時から交代用の機関士と機関助士を客車の1両目に待機させ、交代時には客席からデッキ

当時としては圧倒的なスピードを誇った「燕」。写真は最後尾からのもの

に出て、車両の外壁をよじ登って運転席へと向かった。これを１００キロ近い速度での走行中におこなったのだから、まさにスタントマン顔負けの危険な交代作業だったといえるだろう。

しかし、このふたつの離れワザをもってしても、９時間ジャストの走行にはわずかばかり届かなかった。そこで「燕」はさらなる奥の手を打つ。

当時、東海道本線の電化は国府津《こうづ》までしか完成しておらず、それより先は旧来の蒸気機関車によって走行しなければならなかった。また、海抜４５７メートルの御殿場付近の急勾配を越えるためには、後押しの機関車も不可欠であり、機関車の付け替えをおこなわなければならなかったのである。

「燕」はその付け替え時間もギリギリまで短縮した。それまで5分かけていたものを、わずか30秒まで低減したのだ。そこまで極端な短縮はさすがに停止しては不可能。ならば走りながらおこなうほかはない。取り付けられた後押し機関車を、御殿場の最高地点まで登りつめた後、走りながら切り離していたのである。

冗談のような話ばかりだが、時速300キロに近づきつつある現在の新幹線では考えられないようなこうした苦労を経て、超特急列車「燕」は、東京～神戸間9時間ジャストの走行を可能にしたのである。

車体に記されたカタカナと数字の謎 普段乗っているのは3等級車両だった⁉

車体の側面の中央あたりに書かれた「モハ〇〇〇―△△」などといったカタカナと数字の組み合わせを見たことがないだろうか？

これは、その列車の車両の種類を分類する呼び方、つまり「型式」を識別するためのものだ。

ＪＲの型式は基本的に「カタカナ＋3桁数字」で構成されている。山手線の車両でいえば、ファンには「２０５系」などと呼ばれているが、この「２０５」は型式のうちの3桁数字を指している。

それではこのカタカナと数字は何を示しているのだろうか？

最初にくるカタカナの1文字目は、運転台やモーターが付いているかといった車両の機能を示している。電気モーターで動くから「モ」というわけだ。

そして、2文字目は車内の設備を示す。たとえば2文字目が「ハ」ということは、それは普通車だということであり、「ロ」なら、特別料金を必要とするグリーン車であるという意味になる。

どうして普通車の「フ」やグリーン車の「グ」のようなわかりやすい表記にしないのかと疑問に思う人もいるかもしれない。実はこれは、古い車両の呼び方の名残なのだ。１９６０（昭和35）年まで、客車は1等車、2等車、3等車に分かれていた。3等車は現在の普通車、2等車はグリーン車にあたり、当時はさらに上等の1等車もあった。そして「イロハニホヘト」が記号として料金の高い順に振られていたのだが、これがそのまま踏襲されているというわけなのである。

さらに、カタカナの後に続く数字の部分では、電気の方式、使用用途、デビューした順番までが3つの数字でわかるようになっている。

つまり、山手線に書かれた型式が「モハ２０５」であるならば、「モ（モーター付き)」の「ハ(普通車)」で、「2(直流方式)」の「0(通勤型)」で「5(5代目として完成)」であるということが一目で識別できるというわけだ。

もちろん、私鉄では各社ごとにまったく異なるルールを採用している。これらをすべて覚えて、乗る電車の型式を識別できるようになれば、あなたもちょっとした鉄道博士の仲間入り!?

東海道新幹線が引き継いだ弾丸列車計画 日本~大陸間の海底トンネル構想も!?

日本における高速鉄道建設は、東海道新幹線がもっとも早く、1964(昭和39)年10月1日に開業させている。しかし、それより早い日中戦争のさなか、すでに広範囲での高速列車運転計画が立てられていたことがあるのである。

この計画は、日中戦争時における日本国内の輸送力が決定的に不足していたことが、その発端になっている。特に、陸上輸送の動脈とでもいうべき、東海道・山陽両本線のひどさは目を覆うばかりであった。戦時中の輸送力不足は、そのまま敗戦にもつながる大問題である。

そこで、東京~下関間に国際標準軌間による複線を建設し、輸送力を飛躍的に高めるべく、その名も「弾丸列車計画」が構想されたのだ。この計画は、現在の新幹線よりはるかにスケールの大きなもので、なんと、日本と大陸間の海底トンネル計画までもが含まれていたのである。

この計画は構想段階で頓挫したわけではなかった。１９４１（昭和16）年から実際に着工され、まず優先的に、新丹那トンネル、日本坂トンネル、新逢坂山トンネルなどのトンネル区間に手がつけられた。さらに、相模川付近から早川まで、湯河原付近から由比付近までなど、東京〜大阪間の合計２０８キロの線路選定も完了していたのだ。そのうち、相模川〜早川間、伊豆山〜函南《かんなみ》間、二川《ふたがわ》〜塩津間、大高〜笠寺間の合計約80キロについては用地買収も終えていたというから、「弾丸列車計画」は、着実に実現の一途を進んでいたのである。

しかし、太平洋戦争における日本の敗色が濃厚になるにつれ、工事の続行が不可能になってしまった。用地の調達も全体の４分の１が終わり、大きなトンネル工事もいくつか完成していただけに、非常にもったいない話だといえるだろう。

けれどもこの「弾丸列車計画」はすべてムダになってしまったわけではない。中断されていた工事は、東海道新幹線の建設に引き継がれ、日本初の新幹線工事に大いに役立てられたのである。

日本鉄道初の快挙！　初代新幹線こだまが英国で殿堂入り

東京オリンピックが開催された１９６４（昭和39）年にデビューした初代新幹線０系「こだま」。日本鉄道史上の傑作として名高いが、３２００両製造された初代０系のうち、その1台が海を渡って殿堂入りしたことをご存知だろうか？　日本初の本格的な高速鉄道として鮮烈な登場をし、25年間のご奉公を終えた「こだま」は、鉄道発祥の地であるイギリスで、ヨーク国立鉄道博物館の目玉として永久保存されているのである。

寄贈されたのはつい最近、21世紀を目前にした２０００年4月のこと。大阪市にあるＪＲ西日本の交通科学博物館、京都市の梅小路蒸気機関車館、そして、ヨーク国立鉄道博物館の間に博物館同士の姉妹提携が結ばれたことを記念して、「こだま」の寄贈が決定されたのだ。

ヨーク国立鉄道博物館は、産業革命のシンボルとでもいうべき１８００年代に製造された初の蒸気機関車をはじめとして、約３００もの伝統と歴史ある車両が展示された世界最大規模の鉄道博物館である。この由緒ただしい博物館に他国の車両が展示されるのはきわめて珍しいことで、日本の鉄道車両としては、もちろん初の快挙だった。数ある「こだま」の中でこの栄誉ある殿堂入りに選ばれたのは１９７６（昭和51）年に製造され、この年に引退したばかりの一台。

２０００年3月16日、渡英のためにお色直しをすませ、車体の胴にリボンをかけた「こだま」は、福岡市の博多港で船積みされ、はるかイギリスへと嫁いでいったのである。

イギリスまでの地球半周の船旅はそれまでの高速運転とはうって変わり、たっぷり2週間かけてののんびりしたものであった。

無事イギリスへの上陸を終えた「こだま」は、新世紀を迎えた２００１年7月に第2の晴れ舞台にのぼったのである。

現在、世界鉄道遺産のひとつになった「こだま」は、角ばったイギリス製の車両に囲まれて、その愛らしく丸い顔を誇らしげに輝かせながら、世界中の鉄道ファンを迎えているのだ。

新幹線は英語で「シンカンセン」!? 高速鉄道の先駆者はそのまま英語に！

東京オリンピックの開催に合わせて始動した日本の新幹線。この日本の高速列車のスピードアップは１９８０年代から本格化し、世界の鉄道高速化の先駆者的な役割を常に担っている。

ところで、高速鉄道の草分けともいえるこの「新幹線」という言葉は、世界の鉄道関係者の間では、高速列車を示す固有名詞としてそのまま英語になっていることは意外に知られていない。それどころかかなりポピュラーな単語であり、イギリスでは一般の辞書にまで掲載されているのだ。

たとえば、イギリスＣＬＡＲＥＮＤＯＮ社発行の英語辞典『The New Oxford Dictionary（１９９８年版）』では、「sinkansen」という語句として掲載されている。その語彙の意味は「—a railway system carrying high-speed passenger trains.(—高速旅客列車を運行する鉄道システム)」、「—a train operating on such a system.(—かかるシステムにもとづき運行されている列車)」であると書かれている。さらに、その語源は「Japanese, from shin new+kansenn main line」である、と明記されているのである。

この辞書は大辞典で、いわゆるハンディタイプの小辞典ではないものの、しっかりと英語として「sinkansen」が認知されていることがわかるだろう。

そもそも日本における新幹線の定義とはどのようなものなのだろうか？

１９７０（昭和45）年に公布された『全国新幹線鉄道整備法』では、その第2条で新幹線鉄道を「その主たる区間を列車が２００キロメートル毎時以上の高速度で走行できる幹線鉄道」と定義しており、ほぼ英語の意味と同じだととらえてよさそうだ。

歴史を振り返れば鉄道後進国であった日本の「新幹線」が、外国語に導入されているというのは誇るべきことだろう。それほどまでに、日本における新幹線の登場とその成功は、世界の鉄道関係者に強烈なインパクトを与えたのである。

事実、わが国の新幹線に触発された西ヨーロッパ諸国は、次々と高速鉄道の開発に着手したのだ。

かつてイギリスの技術指導によって始まった日本の鉄道も、約1世紀を経て、世界のトップクラスにまで駆け上ったのである。

本書は成美文庫のために書き下ろされたものである。

成美文庫

●お願い
この本をお読みになって、どんな感想をお持ちでしょうか。「読後の感想」を編集部あてにお送りください。今後の企画の参考にさせていただきます。そのほか、お気づきの点や、ご意見、ご希望がございましたら、編集部までお寄せくださるようお願いいたします。

成美堂出版文庫編集部

鉄道雑学館

監修者　武田忠雄
発行者　深見悦司
発行所　成美堂出版株式会社
〒112-8533 東京都文京区水道1-8-2
電話 03(3814)4351
FAX 03(3814)4355
印刷　大盛印刷株式会社
製本　株式会社越後堂製本

ISBN4-415-06983-5

外資の企業戦略がわかる本
三田村蕗子
外資の上陸で日本の流通地図は塗り変えられた。成長企業、撤退企業の差は何か。世界規模の暗闘の裏と表を徹底解剖する。

身近なトラブルで絶対負けない法
河野順一
お金、男女、会社、車など身近なもめごとの解決重要ポイントを網羅。自分と家族と財産を守る最もやさしい法律の本。

今すぐ転機に備える95の方法
森山　進
語学、時間管理、勉強術……英国勅許会計士の著者が自分の体験から編み出した実戦キャリアアップの方法を全伝授！

あなたの「きれい」を見つける5週間レッスン
高見恭子
嫌だと感じる全部を含め丸ごと自分を好きな人。それが本当のキレイです。暮らしも気持ちももっとおしゃれになれる本。

青木雄二の「ゼニ儲け」全部教えよう
青木雄二
「元手をかけない商売」「一人でやれる銭儲け」「おいしい話の裏カラクリ」など、目からウロコのナニワ流金満リッチ道！

子どもを伸ばす5つの魔法
武田京子
自分のものさしで子供を計っていませんか。周囲が変われば子は変わるのです。たくましい子に育てる値千金のヒント！

心を幸福にする簡単な50の方法　本多信一

自分が好きになれない。イラつく。何かが胸にわだかまる。そんな症状によく効くクスリ。心をすぐに温かくいやします。

スラスラと会社の数字が読める本　本郷孔洋　徳田孝司

あなたの会社や取引先は大丈夫？　万一ならば対策は？　数字に弱くても決算書の「押さえどころ」を簡単につかめる本。

関東人の思い込み、関西人の言い訳　浅井建爾

同じ日本人がどう違うのか、なぜ違うのかをとことん比較。折り合えないのは歴史、習慣、言葉、味…のココに問題が！

「数字で考える」人が成功する　矢矧晴一郎

要所に数字を加えて考えよ、発言せよ、計画せよ。頭の回転率が劇的に上がる！　できなかったことがサクサク実現する！

資産を10倍にする株式投資入門の入門　仁科剛平

注目銘柄の見つけ方から売買テクニックまで、まったくの初心者が納得しながら積極投資で着実にお金を増やせるツボ。

人生を棒に振らないための「刑法の急所」　板倉　宏

セクハラ、賭け事、交通違反、ウソ…はどこから罪を問われる？　自分を守る危機管理術、ここがわかればもう安心だ！

ここで差がつく!「金融新サービス」活用術

岩田昭男

何が変わって何がトク? 銀行、ローン、カードのメリットとデメリットが一目でわかり、金融界の戦略を自分に活かす本。

「トヨタ流」自分を伸ばす仕事術

若松義人

知恵の出どころはあなた自身。ではそれを無限に掘り起こす思考術、勉強術は? すべてのビジネス人のための最強啓発術。

ツキを呼びこむ「論語」の成功法則

植西 聰

論語はいつも勝ち組をつくり続けてきた。勝ち組は論語のどこをどんな視点で読んできたのか。そこに成功の核心がある!

1分間「人間鑑定」術

摩 弥

占い師が何の道具も使わずに短時間で相手の状態や願望を見抜けるのはなぜ? 「本性」をズバリ見きわめる秘密の心理学。

「古代文字」に秘められた文明の謎

吉村作治

いにしえ人は何を伝えようとしたのか? 驚異の科学力、大戦争から恋愛秘術まで、失なわれた歴史の記憶が今よみがえる!

驚異の時間革命77のヒント

黒川康正

人生は「密度の濃さ」で決まる。同じ時間を何倍にも充実させる黒川式・超活用術で仕事、勉強の効率を今すぐ増強せよ。

心はすぐつかめる
勝田光俊
何をどう伝えたいですか。本書のやり方を試して下さい。初対面から商談まであらゆる対人関係がスーッと楽になります。

人生「禅」ならこう考える
松原哲明
なぜ迷う。どこが苦しい。何が問題か。根本を知れば闇は一気に晴れる。心を簡素に人生を有用にする身近な問題即決法。

速解パソコン・IT用語事典
合庭　惇
最新語から今さら聞けない必須語までを引きやすく理解しやすい5分野に整理。知りたいことを丸づかみする画期的事典。

クレーム処理が上手い人下手な人
浦野啓子
土壇場に強くなればどんなトラブルもチャンスになる。ピンチはプラスに変わる。百%の真心を伝える達人のマニュアル。

あなたの日本語、ここが大間違い！
加納喜光
「雪辱を晴らす」「横車を通す」などと誤用して知らずに赤恥をかいてないか。自分の「小さなうっかり」が赤裸々にわかる本。

「能力開発」の基本が身につく本
松本幸夫
記憶、集中、学習レベルを確実に速く上げる定番トレーニング法を集大成。ビジネスに語学に試験合格に、これは効く！